W0325818

Goldin / Moissiouk / Zakidyschewa

Selbstmassage

Edouard Goldin / Lioudmila Moissiouk / Julia Zakidyschewa

Selbstmassage

Gesundheit und Wohlbefinden durch die eigenen Hände

Mit 92 Zeichnungen von Siggi Grunow

Walter Verlag Zürich und Düsseldorf

Originalausgabe

Übersetzung aus dem Russischen
von Martina Riemekasten

Die Deutsche Bibliothek – CIP-Einheitsaufnahme

Goldin, Edouard:
Selbstmassage : Gesundheit und Wohlbefinden durch die eigenen Hände / Edouard Goldin ; Lioudmila Moissiouk ; Julia Zakidyschewa.
Mit 92 Zeichn. von Siggi Grunow. [Übers. aus dem Russ. von Martina Riemekasten]. – Orig.-Ausg. – Zürich ; Düsseldorf : Walter, 1996
ISBN 3-530-30011-X
NE: Moissiouk, Lioudmila:; Zakidyschewa, Julia:

Alle Rechte vorbehalten
© Walter Verlag, 1996
Umschlaggestaltung: H. Schelbert
Satz und Lithos: Jung Satzcentrum GmbH, Lahnau
Druck und Einband: Clausen & Bosse, Leck
Printed in Germany
ISBN 3-530-30011-X

Inhalt

Zum Geleit

Es hätte mich sehr gereizt, etwas über die Geburtsgeschichte dieses Buches zu sagen, würde es nicht über seinen sachbezogenen Charakter hinausgehen. Ich möchte lediglich andeuten, daß wir das vorliegende Werk auch den Gegenwartswirren der Umgestaltung eines riesigen Landes verdanken. So haben die Wellen sozialer und nationaler Umbrüche dieses Buch an unsere Gestade geworfen. Dennoch kommt das darin entfaltete Konzept und Anliegen nicht aus einer unbekannten Welt, fußt es nicht auf exotischen Methoden. Vielmehr soll mit dieser sachkompetenten und medizinisch fundierten Selbstmassage *neu* an den Umgang mit dem gesunden und dem kranken Körper gemäß unserer *alten europäischen Tradition, Heilung und Selbstheilung* zu betreiben, erinnert werden.

Man hat in den letzten Jahren ja versucht, fernöstliche, asiatische Heilweisen und Techniken in unsere Physiotherapie aufzunehmen. «Energie» und «Spiritualität» sind so gängige und zur Zeit auch inhaltlich überforderte Begrifflichkeiten sowie trendreduzierte Modeworte geworden. Mich aber hat an der vorliegenden sachpräzisen und schlackenlosen Arbeit gerade beeindruckt, daß die Autoren insbesondere an unserer westlichen *Massage-Heiltradition* anknüpfen, Geist und Seele gesund zu erhalten und – das ist neu – *uns selbst* weitestgehend dafür einzusetzen.

Natürlich: Dieser Ratgeber schiebt Expertentum nicht beiseite. Er regt aber doch konkret an, sich in vielerlei Situationen nicht kritik- und hilflos Fachleuten zu überantworten. Mit seiner Hilfe vermögen wir im wahrsten Sinne des Wortes, unsere Gesundheit und Krankheit *in unsere eigenen Hände zu nehmen, uns selbst zu helfen und zu heilen.* Von Wladimir Iljine stammt der Satz, daß wir uns selbst verlieren, wenn wir unseren Körper verlieren. Bei dieser Massagemethode geht es vornehmlich darum, wie man seinen Körper und damit sich selbst hautnah wiederentdeckt.

Dies ist somit zugleich ein Buch über *die Haut,* eines unserer wichtigsten und ursprünglichsten Organe, das aus *einem* Entwicklungsblatt mit dem Gehirn und anderen Teilen des Nervensystems entstanden ist (Ektoderm). Mit der Haut beginnt unsere Umwelt, hier ist die Grenze zwischen unserer Innenwelt und der Außenwelt. Und stets ist dieses Gleichgewicht zwischen Innen und Außen gefährdet, was Krankheitsprozesse einleiten kann. Die hier vorgeführte Selbstmassage kann auf vielfältige Weise helfen, gesundheitliche Gefährdungen prophylaktisch abzuwenden und den Körper bei inneren Erkrankungen schonend wiederherzustellen.

Ich selbst arbeite in Praxis und Lehre als Körper*psycho*therapeut und erlebe täglich, wie wichtig es ist, über den Körper auch die Seele zu heilen. Die Hinweise der Autoren dieses Buches haben mich belebt, sind für mich auf vielfältige Weise wertvolle Anregungen gewesen, die nicht «modisch neu» sind, sondern mich vielmehr in einem tieferen Sinne «erinnert» haben. Meine beratende und organisatorische Mitarbeit an diesem Projekt war somit wertvoll für mich selbst. So bin ich dem Schicksal auch dankbar, daß sich mein Weg mit dem der drei Autoren gekreuzt hat.

Helmut Josefowicz
Körperpsychotherapeut in eigener Praxis
Ausbildungsleiter am Göttinger Forum
für Integrative Biodynamik

Vorwort

Für die vielfältigen Bemühungen, die auf das Erreichen von Erfolg im Leben gerichtet sind, bezahlt der Mensch nicht selten mit seiner Gesundheit. Ein schlechter oder kranker Gesundheitszustand allerdings stellt eines der größten Hindernisse für ein zufriedenes und angenehmes Leben dar, ja schränkt die Lebensqualität erheblich ein. Die medizinische Wissenschaft und Technik helfen dem Menschen, viele gesundheitliche Probleme zu lösen und sowohl körperliche als auch seelische Leiden diagnostisch und therapeutisch anzugehen. Medizinische Apparaturen, Medikamente und psychologische Behandlungsformen stellen die gestörten oder verlorengegangenen Funktionen wieder her, kompensieren oder ersetzen sie. Nur ist dieses ganze herkömmliche medizinische Behandlungsarsenal nicht immer ausreichend, um sich selbst in seiner Haut wohl und vital zu fühlen. Dies gilt sowohl bei normalen Lebensbedingungen als auch bei außergewöhnlichen physischen wie psychischen Belastungen und Überforderungen. In solchen Situationen sind übliche Arzneimittel und herkömmliche schulmedizinische Routine oft wenig wirksam. In hohem Maße helfen dann nur noch gezielte physiotherapeutische Behandlungsmethoden, Wassertherapien und die Kunst professioneller Massage.

Von der wohltuenden Wirkung und dem heilsamen Nutzen der Massage im allgemeinen wissen viele. Ebenso ist bekannt, daß ein Spezialist die Anwendung sorgsamer und sicherer ausführt als ein Amateur. Aber wenige wissen von den vielen guten und therapeutisch weitreichenden Wirkungen dieser vielschichtigen Körpertherapie, die nicht für jeden zugänglich ist. Massage kann, selbst wenn sie *technisch* einwandfrei ausgeführt wird, oft mehr Schaden anrichten als helfen. Eine genaue Kenntnis von Massagetheorie sowie physiotherapeutische Praxis sind unumgänglich, um Fehler zu vermeiden.

Die Möglichkeit, Massage sachgerecht selbst auszuführen, dürfte für viele außerordentlich reizvoll und interessant sein, unabhängig mit dem eigenen Körper und seinen Befindlichkeiten «hautnah» und heilsam umzugehen, sie jederzeit und überall anzuwenden: zu Hause, am Arbeitsplatz, im Verkehrsstau, beim Fernsehen usw.

Die Autoren dieses Buches stellen hiermit erstmals eine konsequent entwickelte und auf eine Vielzahl von Krankheitsbildern sowie pathologischen Befunden bezogene Theorie und Praxis der medizinischen *Selbstmassage* vor. Sie ist erfolgreich bewährtes Ergebnis langjähriger wissenschaftlicher Forschung und praktischer Erfahrung. Dieses besonders *autotherapeutisch* konzipierte Verfahren nach den allgemeingültigen Prinzipien klassischer Massage beruft sich auf eine alte europäische Tradition. Auf den folgenden Seiten wird das Verfahren der *Selbstmassage* und ihre vielfältige Anwendung für jeden verständlich vorgeführt. Anhand detaillierter Beschreibungen und präziser Zeichnungen werden die unterschiedlichsten «technischen Griffe», bezogen auf die jeweils zu behandelnden Körperabschnitte und Erkrankungen, erklärt und veranschaulicht. Der Ratgeber dieser einzigartigen *Selbstmassage* hat ein breit gefächertes Publikum vor Augen. Hierin finden sich spannende Ratschläge und heilsame Anregungen für den Laien ebenso wie für den, der schon mit den Grundlagen der Massage vertraut ist. Gesunden Menschen hilft dieses Buch, leistungsfähiger und aktiver zu werden, die Gesundheit für lange Jahre zu mobilisieren und zu erhalten. Kranke Menschen finden wertvolle Hilfe, um wirkungsvoll mit ihren Leiden umzugehen.

Die Autoren danken Frau Riemekasten für die grundlegende Übersetzung aus dem Russischen, der Illustratorin Frau Siggi Grunow für ihre überaus gelungenen Zeichnungen, insbesondere aber Herrn Helmut Josefowicz, ohne dessen aktive Unterstützung dieses Buch nicht das Licht der Welt erblickt hätte. Unseren geneigten Lesern sind wir dankbar für jegliche kritische Korrektur und Verbesserungsvorschläge, wissen wir doch, daß sich trotz aller Mühe und Sorgfalt bei der Abfassung und Bearbeitung des Buchmanuskripts – der Teufel steckt bekanntlich im Detail – Mängel darin eingeschlichen haben könnten.

Die Autoren

Kapitel 1

Grundlagen der Selbstmassage

Anleitung zur Durchführung der medizinischen Selbstmassage

Für gesunde Menschen bringt die *Selbstmassage* einen spürbar veränderten Zustand des physischen und psychischen Wohlbefindens mit sich, intensiviert die Leistungsfähigkeit, nimmt die Ermüdung und verbessert das äußere Erscheinungsbild. Durch die hier vorgeführten spezifischen Massageverfahren können ganz gezielt erfolgreich

- unterschiedlichste Beschwerden und Schmerzen behandelt, gemildert oder geheilt,
- die Beweglichkeit der Gelenke erweitert und die Muskelkraft erhöht,
- die Körperhaltung korrigiert,
- die Atmung und der Blutkreislauf verbessert,
- die Funktion des Verdauungstrakts normalisiert,
- der Zustand des Schlafes und des Wachens in einem vitalen Rhythmus reguliert

werden. Deshalb empfiehlt sich die *Selbstmassage* sowohl für gesunde als auch kranke Menschen bei folgenden Symptomen und Krankheitsbildern:

- Traumata und Erkrankungen der Muskeln und Sehnen, Bänder, Knochen, Gelenke einschließlich der Wirbelsäule;
- Lungenentzündung, Bronchitis, bronchiales Asthma in allen Entwicklungsphasen der Erkrankung von akuten bis zum chronischen Zustand;
- Traumata und Erkrankungen der Nervensysteme;
- endokrine Störungen, Zuckerdiabetis, Schilddrüsenunterfunktion;
- chronische Herzerkrankungen, die stabile Form der Stenokardie, Herzfehler,

der Zustand nach einem überstandenen Herzinfarkt des Herzmuskels oder einer Herzmuskelentzündung;
- Erkrankung der Blutgefäße, zu hoher oder zu niedriger Blutdruck, periphäre Angiopathie;
- chronische Erkrankungen der Leber, der Gallenblase, des Magens, des Darms;
- urogenitale Störungen, Erkrankungen der Nieren, der Harnblase, Unfruchtbarkeit, Impotenz;
- Rekonvaleszenzprozesse und Narbenbehandlung nach Verbrennungen und Operationen;
- einige Hauterkrankungen, Hautalterung des Gesichts und Halses, frühe Faltenbildung, frühe Stadien von Kahlköpfigkeit.

Die Bedingungen, unter denen die Selbstmassage optimal durchgeführt werden kann, bestimmen ihre Effektivität. Man sollte die Prozedur in einem sauberen, gut ausgelüfteten Raum ohne Zugluft durchführen. Die Lufttemperatur des Raumes sollte 18–24° betragen, um Schwitzen oder Frieren («Gänsehaut») zu vermeiden. Für bessere Gleitfähigkeit von Haut und Händen kann man natürliche Pflanzenöle, Cremes, Heilsalben oder trockenes Puder verwenden. Eine harte, aber bequeme Unterlage ist empfehlenswert.

Gegenanzeigen

Bei folgenden Krankheitsbildern sollte die Selbstmassage möglichst nicht bzw. nur eingeschränkt, auf jeden Fall aber nur nach Rücksprache mit dem Arzt angewendet werden:

- Hautverletzungen, überempfindliche Hautregionen, Erysipelentzündungen, außergewöhnlich hohe Verletzbarkeit der Haut, eitrige und Pilzinfektionen, Scheuerwunden und Intertrigo;
- Hauttuberkulose, schnell wachsende Muttermale;
- chronisch fortschreitende Krankheiten: Tumore, bösartige Bluterkrankungen, Bluterkrankungen, aktive Tuberkulose, Immunschwäche;
- akute Erkrankungen mit Häufung klinischer Symptome: Infarkt des Herzmuskels, Blutfluß, hohes Fieber, starker Schmerz, Übelkeit und Erbrechen, starker Durchfall, akute Harnsperre; akutes Trauma: Knochenbrüche, Ausrenkungen, Verbrennungen, starker Schwächezustand, Schwindel, akute Infektionskrankheiten;
- Störungen der Herztätigkeit und der Atmungsfunktionen: verstärktes und häufigeres Herzschlagen, Wahrnehmung von Herzstolpern, Herzschmerzen, Atemnot;
- Erkrankungen peripherer Blutgefäße mit außerordentlichen Hautveränderungen und trophischen Geschwüren, akute Thrombophlebitis.

Grundlegende Verfahren der Selbstmassage: Streicheln, Verreiben, Kneten, Vibrieren

Das Streicheln

Mit diesem Verfahren beginnt und endet jede Sitzung, und ebenso wird auch mit ihr zu allen anderen Verfahren gewechselt. Die massierenden Hände gleiten auf der Haut, drücken sie, aber schieben sie nicht weg (Abb. 1). Ausgeführt wird das Streicheln *flach* – im wesentlichen auf der Brust, dem Bauch, dem Rücken – oder *umgreifend* – an den Extremitäten, den Seiten der Rumpfoberfläche. Es wird mit einer oder beiden Händen durchgeführt. Die Bewegungen der Hände können synchron oder abwechselnd, fortlaufend oder in der Art stockender sprunghafter Passagen sein. Das oberflächliche Streicheln unterscheidet sich von dem tiefgehenden durch die Druckstärke.

Oberflächliches Streicheln begünstigt die Beschleunigung der Strömung von Gewebeflüssigkeiten, verbessert die Funktion der Hautdrüsen, erhöht die Elastizität der Haut selbst (speziell dies ist wichtig bei den Hals- und Gesichtsbereichen), was gleichsam eine Verjüngung für sie bedeutet.

Tiefgehendes Streicheln vermindert die Schwellung des Gewebes – sie wird während der Massagetätigkeit abgesaugt. Ebenso kräftigt das tiefgehende Streicheln den erschlafften Muskeltonus und erhöht seine Widerstandsfähigkeit. Umgekehrt hat es bei erhöhtem Tonus eine entspannende und erweichende Funktion.

Abhängig vom Ort und der Beschaffenheit der massierten Oberfläche wird das Verfahren mit den Handinnenflächen, den Handrücken oder -seiten der ganzen Hand oder einzelner Finger, mit dem Ballen oder der Faust ausgeführt. Für das tiefgehende Streicheln kann man die sogenannte «beschwerte» Hand benutzen: die eine Hand wird auf die andere gelegt und verstärkt somit den Druck auf die massierten Gewebe (Abb. 2). Tiefgehendes Streicheln empfiehlt sich speziell bei Bereichen mit überschüssigen Fettablagerungen.

Abb. 1

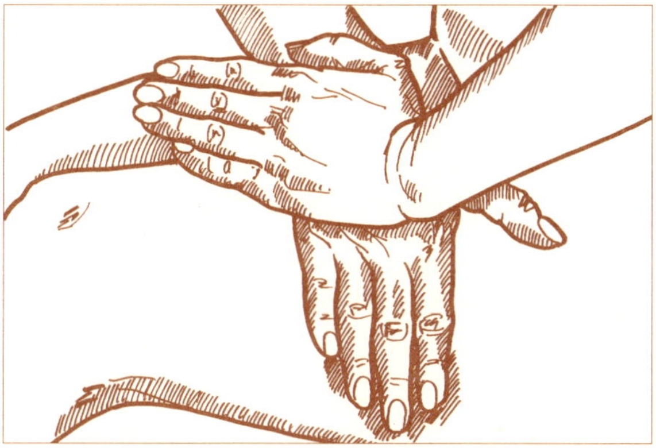

Abb. 2

Am häufigsten werden die folgenden verschiedenen Streichelarten angewendet:

- *zangenartiges Streicheln:* wird mit zangenartig zusammengelegten Fingern ausgeführt, bei der Massage der Handkanten, der Füße, des Gesichts, einzelner Muskelschichten (Abb. 3);
- *harkenartiges Streicheln:* die weit auseinandergestellten Finger stehen in einem Winkel von 35–40° zu der zu massierenden Oberfläche und führen das harkenartige Streicheln längsgerichtet, quer, kreisförmig oder zickzackartig aus. Diese Art benutzt man bei der Massage von behaarten Kopfbereichen, interkostaler Zwischenräume und ebenso auf Hautbereichen mit Abschürfungen, kleineren Wunden, mit varikös vergrößerten Venen;
- *kammartiges Streicheln:* die vorstehenden Knochen der zur Faust gebogenen Hand gleiten auf der Handinnenfläche der anderen zu massierenden Hand, auf der Fußsohlenoberfläche, auf Körperbereichen mit dicker Unterhautfettschicht (Abb. 4);
- *kreuzartiges Streicheln:* die fest ineinander verhakten Hände streicheln die rückwärtige Oberfläche der Beine (Abb. 5);
- *das Bügeln:* mit den Fingerrückenoberflächen in die gleiche oder in entgegengesetzten Richtungen läßt sich leicht an denjenigen Bereichen ausführen, an denen übermäßiger Druck unerwünscht ist – im Gesicht, am Hals.

Jede der unterschiedlichen Streichelarten wird gleichmäßig, langsam, mit 23–25 Bewegungen in der Minute ausgeführt.

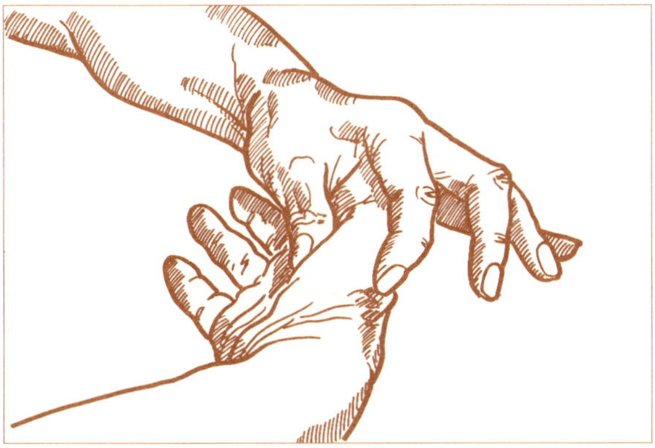

Abb. 3

Abb. 4

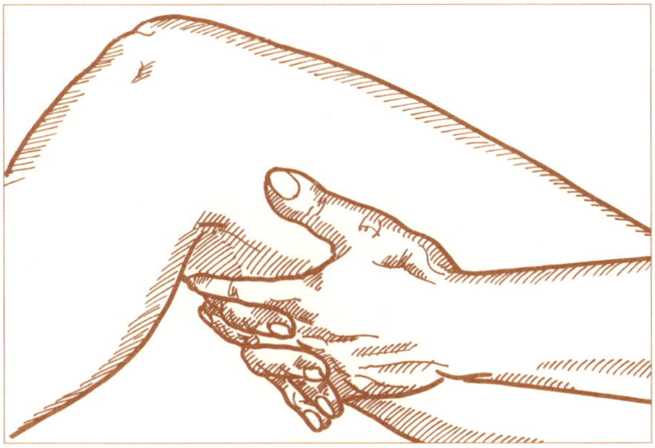

Abb. 5

Das Verreiben

Verfahren, bei dem man über die Haut hauptsächlich auf die Unterhautzellulose und die oberflächlichen Schichten der Muskeln Einfluß nimmt. Bei der Ausführung dieses Verfahrens drückt die massierende Hand auf das Gewebe, indem sie vor sich eine Hautfalte oder -rolle bildet (abhängig von der Dicke und Elastizität der Haut), die Unterhautstrukturen wegschiebt, trennt, auseinanderzieht. Dies wird vor allem mit den Fingern, dem Handballen oder Handrücken ausgeführt.

Das Verreiben kann *längsgerichtet* und *quer* bezüglich der vertikalen Körperachse und Gliedmaßen sein;

- *kreisförmiges Verreiben:* in den Bereichen der großen Gelenke, des Bauches (im Uhrzeigersinn);
- *spiralenförmiges Verreiben:* die massierenden Finger zeichnen eine Spirale;
- *das Schraffieren:* die Fingerkuppen verfahren, als trügen sie Striche auf die Unterhautstrukturen auf (die massierenden Finger sind gespreizt und stehen in einem Winkel von 30° zur massierten Oberfläche);
- *das Hobeln:* die gespreizten Finger drücken anfangs mit kurzen fortschreitenden Bewegungen auf das Gewebe, und dann tauchen sie gleichsam über der Haut auf, indem sie sie leicht in Bewegungsrichtung verschieben.

Die Stellung der massierenden Hand auf der zu massierenden Oberfläche bei der Ausführung der letzten drei Verfahren ist auf der Abb. 6 dargestellt.

- *harkenartiges, kammartiges, zangenartiges Verreiben:* diese drei unterschiedlichen Reibungsarten sind entsprechend der Zeichnung identisch mit den gleichnamigen Typen des Streichelns, aber beim Verreiben wird die Haut der zu massierenden Abschnitte zusammen mit der massierenden Hand verschoben;
- *das Sägen:* wird mit der Handkante oder gleichzeitig mit beiden Handflächen, die einander zugewandt sind, ausgeführt. Werden beide Hände gleichzeitig benutzt, bewegen sie sich in entgegengesetzte Richtungen, indem sie zwischen sich eine Hautfalte bilden und verschieben (Abb. 7);
- *das Durchqueren:* wird wie auch das Sägen mit beiden Handflächen ausgeführt, aber dabei wirkt nicht die Außenkante auf das Gewebe ein, sondern

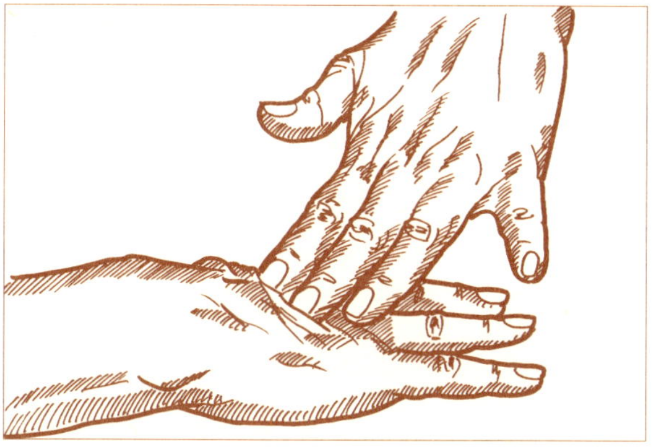

Abb. 6

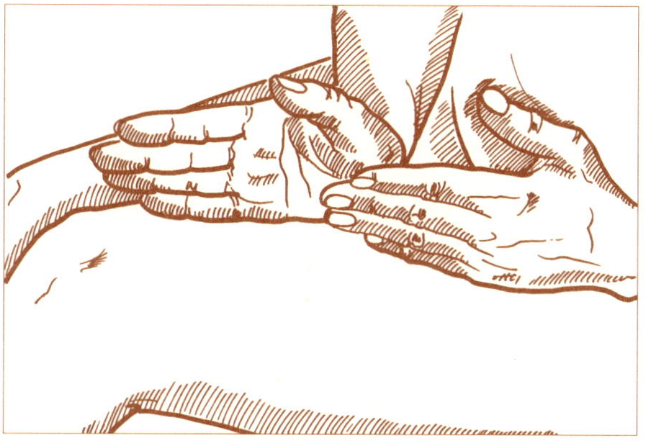

Abb. 7

der Teil der Handfläche, der sich zwischen dem Daumen und dem Zeigefinger befindet. Die Handrücken sind einander zugewandt und vollführen eine Bewegung in die gleichen Richtung über die vertikale Achse und in die entgegengesetzte Richtung über die horizontale Achse (Abb. 8).

Alle Verreibeverfahren können je nach Tiefe der Wirkung verhältnismäßig oberflächlich oder tiefergehend sein. Die Tiefe der Wirkung hängt von der Dicke der Unterhautfettschicht, von der Nähe der an die Oberfläche grenzenden Blutgefäße und Nervenstränge, von den Knochenvorsprüngen, von vorhandenen Ödemen und Schmerzempfindungen ab.

Das empfohlene Tempo bei der Ausführung dieses Verfahrens beträgt 60–100 Bewegungen in der Minute, die Dauer der einzelnen Bewegung zwischen einer und zehn Sekunden.

Das Verreiben übt wie auch die anderen Verfahren einen beruhigenden, betäubenden und schwellungslösenden Einfluß aus, senkt erhöhten Muskeltonus, erhöht die Gewebetemperatur. Das Verreiben begünstigt die Dehnung von Narben und Verhärtungen in entscheidendem Maße, erhöht die Elastizität der Bänder, der Sehnen, der Gelenktaschen und verbessert somit die Beweglichkeit des Gewebes und den Bewegungsumfang in den Gelenken.

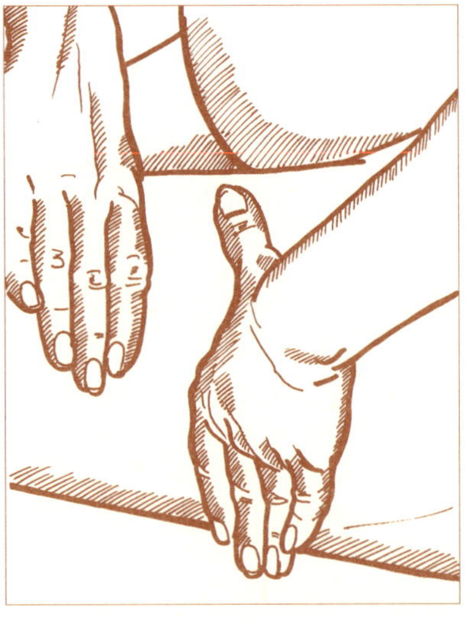

Abb. 8

Das Kneten

übt hauptsächlich Einfluß auf die Muskeln aus. Das Wesen besteht in der Dehnung der Muskelfasern durch Drücken, Schieben, Wegziehen, Auseinanderziehen und Zusammendrücken der Muskeln.

Abhängig von der Lage der massierenden Hand bezüglich der zu massierenden Muskeln soll das Kneten *längsgerichtet* und *quer* verlaufen. Beim Kneten drückt man den Muskel entweder gegen das Knochenbett, oder, umgekehrt, man zieht ihn weg. Die massierende Hand oder einzelne ihrer Finger bewegen sich gleichmäßig oder mit stockenden Bewegungen entlang des zu massierenden Muskels. Bei stockendem Kneten wird das Verfahren in einem Tempo von 40–60 Bewegungen pro Minute ausgeführt. Folgende Spielarten des Knetens sind bei der Selbstmassage am effektivsten:

– *das Drücken* auf das Gewebe mit einer Geschwindigkeit von 25–60 pro Minute wird mit den Fingerkuppen, der ganzen Handfläche oder ihrem Ballen, durch die Hand beschwert, ausgeführt (Abb. 9);

Abb. 9

- *das Zusammendrücken* mit der ganzen Hand oder einzelnen Fingern im Verlauf von beispielsweise 0,5 Sekunden, 30–60 Bewegungen in der Minute (Abb. 10);
- *das Dehnen,* rhythmisch stockendes oder fortlaufendes. Die Dauer der Anwendung und die Geschwindigkeit der Bewegung ist dieselbe wie beim Zusammenpressen;
- *das Zusammenschieben:* der Muskel wird mit rhythmischen Bewegungen mit einer Häufigkeit von 25–30 pro Minute vom Knochenbett weggeschoben. Wenn es möglich ist, soll man ihn erst ergreifen und dann schieben. Wenn es nicht gelingt, den Muskel zu greifen, so schiebt man ihn, indem man ihn seitlich drückt. Das Dehnen und das Schieben werden besonders für die Streckung des Gewebes bei Vernarbungen, Verwachsungen nach Verletzungen und Verbrennungen verwendet.

Weniger verbreitete Spielarten des Knetens sind das Walken, das Heranrollen und das leichte Zupfen.

- *Das Walken:* die Gliedmaßen werden von den parallel zueinander stehenden Händen mit ausgestreckten Fingern umfaßt. Die Muskeln werden gleichsam von einer in die andere Hand verlegt (Abb. 11). Das Walken wird dann angewendet, wenn die anderen Verfahren schwer auszuführen sind: überschüssige Unterhautfettschicht, narbig mit dem Knochen verwachsene Muskeln, ebenso bei Muskelschmerzen und bei Erkrankungen peripherer Gefäße. 60–120 Bewegungen in der Minute;
- *das Heranrollen:* die linke Hand versenkt man in das Gewebe, indem man auf es drückt, und mit der rechten schiebt man das Gewebe in Richtung der linken Hand, und durch zwei–drei halbkreisförmige Bewegungen wird das Gewebe zwischen beiden Handflächen geknetet. Dieses Verfahren wird am häufigsten bei Erschlaffung der Bauchmuskulatur, bei Störung der Darmfunktion angewendet. 40–60 Bewegungen in der Minute;
- *das leichte Zupfen:* das Gewebe wird mit dem Daumen und dem Zeigefinger ergriffen, weggezogen und losgelassen. Dieses Verfahren wird mit einer oder mit beiden Händen gleichzeitig mit einer Häufigkeit von 100–120 pro Minute ausgeführt.

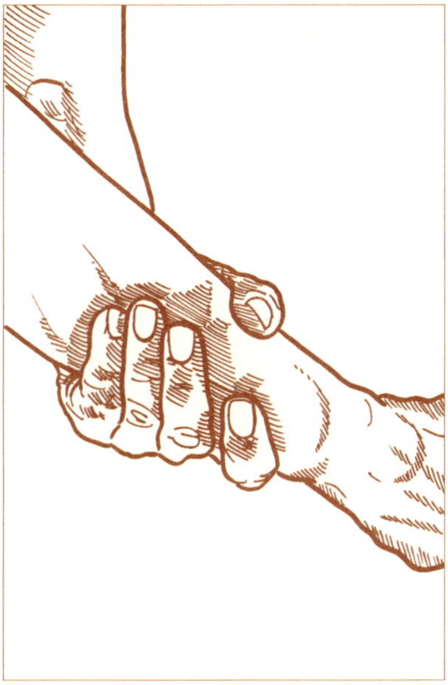

Abb. 10

Abb. 11

Das leichte Zupfen wird am häufigsten im Bereich des Gesichts, des Halses, des Bauches zur Erhöhung der Elastizität des Gewebes bei dessen Erschlaffung angewendet. Oder umgekehrt für die Dehnung des Gewebes bei Vernarbungen, Verwachsungen nach Verletzungen und Verbrennungen.

Das Vibrieren

Das Auftragen der Bewegungen auf das unterliegende Gewebe erfolgt mit unterschiedlicher Schwingung und Geschwindigkeit. Dank der elastischen Beschaffenheit des menschlichen Gewebes werden die tiefen Schichten einschließlich der darin verteilten Nervenstränge, Gefäße, inneren Organe in die schwingenden Bewegungen miteinbezogen. Man kann auf das Gewebe stockende und fortlaufende Vibration ausüben:

- *stockendes* Vibrieren wird durch das Auftragen rhythmischer Schläge mit der ganzen Handfläche, Teilen der Handfläche oder einzelnen Fingern abschnittsweise (Abstand ca. 3-10 cm zueinander) ausgeführt, wobei die Häufigkeit 100 bis 300 Schläge pro Minute beträgt: durch Klopfen, leichtes Klatschen, Hacken und Punktieren;
- *das Klopfen* mit der geöffneten Hand, der Faust, einem oder mehreren Fingern wird auf mehrere Arten ausgeführt: mit der flachen Seite – die Hand ist schwach geballt, zwischen den Fingern und der Handfläche ist ein leichter Zwischenraum. Die leichten Polster der Handflächen mildern den Schlag. Durch dieses Verfahren beeinflußt man die Bereiche mit dicken Muskelschichten – den Oberschenkel, die Gesäßhälften, den Rücken;
- *das Klopfen* mit der Unterkante der Faust mit abgespreiztem kleinem Finger: dieses wendet man auf dicken Muskelschichten an. Dieses darf nicht mit Spannungen in den massierenden Händen durchgeführt werden, um keine Schmerzempfindungen hervorzurufen;
- *das leichte Klatschen* mit der Handinnenfläche mit leicht zum Ballen hingebogenen Fingern (kellenförmige Handfläche). Die rhythmischen Schläge werden mit einer oder beiden Händen abwechselnd aufgetragen, indem sie gebogene und gerade Bewegungen im proximalen Handgelenk vollführen (Abb. 12);

– *das Hacken* mit der Handunterkante mit ausgestreckten Fingern. Für die Ausübung einer starken Einwirkung müssen die Finger fest geschlossen sein, für leichtere und zartere Einwirkungen sollen die Finger leicht geöffnet werden. Das Hacken läßt sich gut mit zwei Händen ausführen, aber wenn es nicht anders geht, ist es auch mit einer Hand möglich (Abb. 13).

Abb. 12

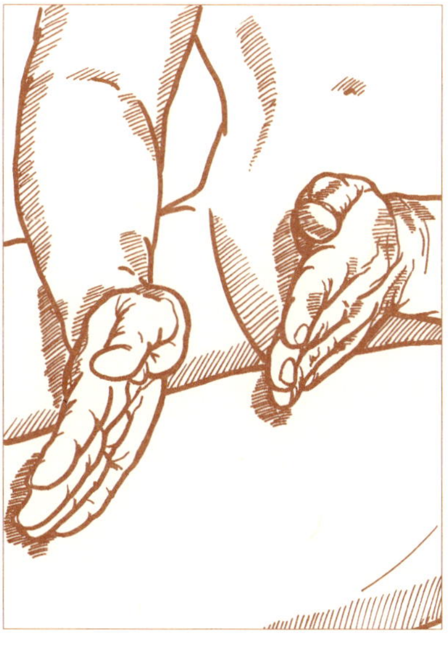

Abb. 13

Das Hacken, Klopfen und das leichte Klatschen werden in Bereichen mit dicken Muskelschichten angewendet – Oberschenkel, Gesäßhälften, Rücken, Oberarme. Dieselben Verfahren werden auch bei Lungen- und Bronchialerkrankungen auf dem Brustkasten ausgeführt. Energische Klopfbewegungen dürfen nicht in der Herzumgebung, auf der seitlichen und vorderen Halsoberfläche, dem Leistenbereich, in den Ellenbogen- und Unterkniegruben durchgeführt werden.

Das Punktieren mit mehreren (2–5) oder einem Finger wird häufiger auf kleinen Gebieten angewendet, an Stellen der Nervenenden, an Stellen, wo die Haut nur mit dünnem Unterhautgewebe an den Knochen gelegt ist, in Bereichen, wo sich durch Brüche Knochenschwielen gebildet haben. Bei der Ausführung des Klopfens können die Schläge gleichzeitig mit allen Fingern (stakkato) aufgetragen werden oder mit jedem einzelnen Finger nacheinander, wie beim Maschineschreiben, mit einer Häufigkeit von 100–120 Schlägen pro Minute. Die Hände fahren versetzt auf dem zu massierenden Abschnitt in Richtung der Massagelinien. Die Schlagkraft wird durch die Beugung der Finger bezüglich des Bereichs der zu massierenden Oberfläche reguliert: maximale Kraft bei vertikaler Stellung der Finger, sie verringert sich durch das Beugen der Finger während des Schlags (Abb. 14).

Abb. 14

Das fortlaufende Vibrieren kommt durch das Auftragen von Schwingungsbewegungen auf das Gewebe zustande, wobei die massierende Hand sich nicht von der zu massierenden Oberfläche hebt. Die Bewegungen werden mit der ganzen oder einem Teil der Handfläche oder mit einem Finger ausgeführt. Als eine Spielart dieses Verfahrens erscheint ebenso das Schütteln einzelner Segmente des Rumpfes und der Extremitäten.

Bei dem fortlaufenden Vibrieren werden die Schwingungsbewegungen mit einer Häufigkeit von 100–120 Schwingungen in der Minute auf das Gewebe aufgetragen, mit einer Teildauer von 5–15 Sekunden. Danach folgt eine Pause von 3–5 Sekunden. In jedem der folgenden Abschnitte steigt die Schwingungshäufigkeit – bis zu 200–300 in der Minute. Während der Prozedur kann ein einzelner Bereich oder mehrere Bereiche nacheinander bearbeitet werden. Das Verfahren wird mit den Fingern in der Art punktförmigen Vibrierens ausgeführt an den Stellen der Nervenausgänge, im Bereich eines Bruchs während der Periode der Knochenschwielenbildung, an mimischen Muskeln bei deren Lähmung oder bei kosmetischen Defekten.

Die Kraft der Einwirkung wird von der Neigung der Finger zu der zu massierenden Oberfläche reguliert – je gebeugter die Fingerstellung ist, desto weicher ist die Vibration und desto zarter die Einwirkung auf das unterliegende Gewebe;

mit der Faust werden Vibrationen auf den Bereich der Oberschenkel, Hüfte, des Rückens, auf die Gesäßhälften und den Bauch aufgetragen;

die Handfläche übt Einfluß auf die inneren Organe aus: Leber, Gallenblase, Magen, Darm. Diejenigen, die dieses Verfahren gut beherrschen, können es auch über dem Herzbereich bei beschleunigtem Herzschlag oder umgekehrt bei verlangsamtem Puls anwenden. Die harten Vibrationen führen zur Muskelentspannung einschließlich der glatten Muskulatur der inneren Organe. Kräftige Vibrationen haben eine stimulierende Wirkung.

Leichtes Schütteln einzelner Muskeln oder ganzer Muskelgruppen – die massierende Hand ergreift die Muskeln und führt schwingende Bewegungen mit steigender und nachlassender Geschwindigkeit aus. Sehr effektiv ist dieses Verfahren bei Krämpfen, spastischen Lähmungen, Muskelverkürzungen, Vernarbungen, um die Muskelkraft wieder herzustellen, wenn sie stark entkräftet ist (Abb. 15).

Das Erschüttern von Rumpfteilen oder einzelnen Organen ist an sich nicht ganz angenehm, aber möglich. Für das Erschüttern des Brustkastens, des Bauches oder des Beckens positioniert man die Hände auf die seitlichen Oberflächen des entsprechenden Rumpfteils und läßt sie rhythmische rotierend-schwingende Bewegungen vollführen. Das Verfahren ist effektiv bei Erkrankungen der Wirbelsäule, der Lungen, der Leber, des Magens und Darms, bei Vernarbungen und Verwachsungen nach einer Operation.

Das Verfahren des Erschütterns hat spezifische Eigenschaften bei der Selbstmassage des Kehlkopfes: der Daumen der massierenden Hand wird auf der einen Seite des Kehlkopfes fest hingestellt, der Zeige- und Mittelfinger – auf der anderen Seite. Mit rhythmischen Schwingungen wird der Kehlkopf von rechts nach links und hoch und hinunter geschoben (Abb. 16). Dieses Verfahren verwendet man bei chronischen Kehlkopfentzündungen, Störungen der Stimme, bei erhöhter Belastung des Sprechapparates (bei Sängern, Rednern).

Abb. 15

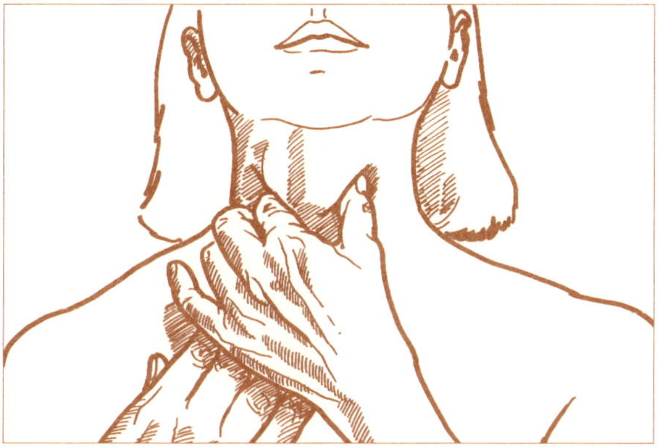

Abb. 16

Kapitel 2

Selbstmassage einzelner Körperabschnitte

Nachdem man sich mit der Beschreibung der Verfahren der Selbstmassage vertraut gemacht hat, kann man mit ihrer Ausführung beginnen. Wir empfehlen, anfangs auf den gesunden Körperteilen zu trainieren, die für die Ausführung mit beiden Händen zugänglich sind, z. B. die Beine zu massieren, wenn sie nicht erkrankt sind, was dem Massieren hinderlich wäre. Weiter unten wird die Beschreibung der Anwendung an einzelnen Körperteilen fortgeführt. Einige Verfahren sind durch Abbildungen illustriert.

Die Selbstmassage der Beine

Jeder Mensch kann mehr Erfolg im Leben haben, wenn er fest auf den Beinen steht, energisch und nicht erschöpft ist. Deshalb müssen die Muskeln und Bänder der Beine elastisch, die Gelenke beweglich, die Bewegungen leicht sein. Diesen Zustand erreicht man mit Hilfe der Selbstmassage.

Für die Ausführung der Prozedur ist es unumgänglich, eine angenehme Pose einzunehmen. Setzen Sie sich so hin, daß der Rücken Halt hat (Stuhllehne oder Wand). Das eine Bein lassen Sie auf dem Boden liegen, und das zu massierende stellen Sie in halbgebeugter Stellung vor sich auf, so daß der Fuß eine Stütze hat, oder legen Sie das zu massierende Bein auf das Knie des anderen Beines. Die Prozedur kann auf drei Arten ausgeführt werden:

1. alle Verfahren der Massage nacheinander durchführen: das Streicheln, Ver-

reiben, Kneten, Vibrieren, indem sie einander auf jeder einzelnen Oberfläche – der vorderen, seitlichen, hinteren – abwechseln;

2. jedes Massageverfahren an allen Gliedmaßen ausführen, danach zur Ausführung des nächsten Verfahrens übergehen;
3. Kombination der ersten und zweiten Methode.

Welches der aufgezählten Verfahren ist das geeignetste?
Gesunde Menschen, die über ausreichend freie Zeit verfügen, sollten die dritte Art benutzen: die Selbstmassage im ganzen an den Gliedmaßen durchführen, indem sie nacheinander das Streicheln, Verreiben, Kneten, Vibrieren anwenden (jedes Verfahren mit einigen Spielarten) und dann diejenigen Abschnitte durchmassieren, die am meisten belastet sind.
Für kranke Menschen ist es ebenso zweckmäßig, die dritte Methode anzuwenden, aber in der folgenden Variante: die Gliedmaßen entsprechend der zweiten Methode durchmassieren, indem man die verletzte Zone umgeht, dann diese Zone entsprechend der 1. Methode massieren (siehe Kapitel «Die Selbstmassage bei verschiedenen Erkrankungen»).
Wenn man nur wenig freie Zeit hat, kann ein gesunder Mensch sich auf ein kurzzeitiges allgemeines Streicheln und Verreiben des ganzen Beines (oder einzelner seiner Teile) beschränken und dann alle Verfahren nur an denjenigen Bereichen ausführen, die am meisten belastet sind.
Wenn es einem Menschen mit Erkrankungen der Muskeln, Bänder, Gelenke an freier Zeit mangelt, ist es unumgänglich, das Streicheln und Verreiben der höhergelegenen Segmente durchzuführen und danach die Selbstmassage nach der 1. Methode im Bereich des pathologischen Zentrums auszuführen.
Die 2. Methode verwenden am häufigsten praktisch gesunde Menschen für die Beseitigung von Ermüdungserscheinungen und mit dem Ziel, Erkrankungen vorzubeugen.
Bei der Ausführung der Selbstmassage auf jede beliebige Art beginnt man die Anwendung mit dem Streicheln und geht dann zum Verreiben, Kneten, Vibrieren über. Jedes Verfahren wird durch das Streicheln gewechselt, und die Anwendung wird mit eben diesem Verfahren beendet.

Der Oberschenkel

Die Oberfläche des Oberschenkels ist symbolisch aufgeteilt in den vorderen, seitlichen und hinteren Bereich. Bei der Selbstmassage der seitlichen Oberschenkeloberfläche soll man auch das Hüftgelenk massieren, bei der Massage der hinteren Oberfläche den Gesäßbereich erfassen.

Das Streicheln

Das flächenartig fortlaufende Streicheln wird durch das stockende abgewechselt (Abb. 17). Bei dünnen Oberschenkeln kann das oberflächliche Streicheln umgreifend sein.

Das kammartige Streicheln empfiehlt sich für die hintere Oberschenkelfläche, das tiefgehende Streicheln mit der beschwerten Hand (die eine Hand ist fest auf die zu massierende Oberfläche gelegt, die andere drückt sie von oben) für die vordere.

Die Dauer des Streichelns zu Beginn und am Ende der Prozedur beträgt 1–1,5 Minuten und in den Pausen zwischen den anderen Verfahren 10–15 Sekunden.

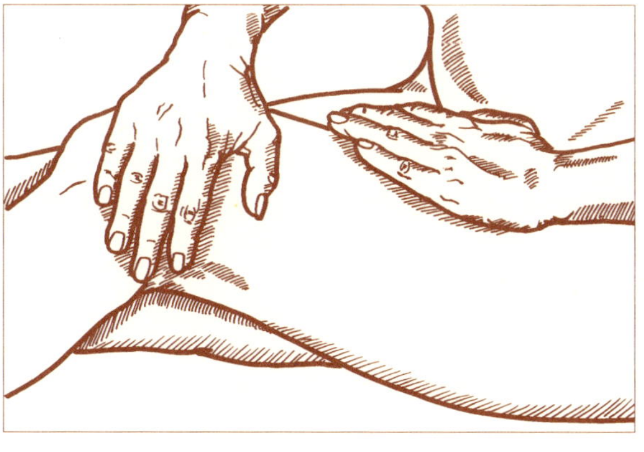

Abb. 17

Das Verreiben

Mit dem Kamm der Finger, die zur Faust gebogen sind, wird das geradlinige, spiralförmige und kreisförmige Verreiben vom Kniegelenk aus in Richtung des Leistenbereichs ausgeführt. Die vordere Oberschenkelfläche sollte energischer gerieben werden.

Das strichförmige Verreiben erfolgt ober- und unterhalb der Kniescheibe (Abb. 18).

Das Schraffieren mit den Fingern erfolgt entlang des Kamms des Hüftknochens von vorn nach hinten zum Kreuzbein.

Das kreisförmige Verreiben der äußeren Beckenoberfläche wird zuerst mit der Handfläche und dann mit der Faust ausgeführt (Abb. 19, 20). Die Dauer des Verreibens beträgt 2–3 Minuten.

Das Kneten

Das Drücken, Zusammendrücken, Zusammenschieben, Dehnen, Heranrollen, Walken wird vom Knie in die Richtung der Leistengegend ausgeführt. Die Stellung der massierenden Hände (oder jeder Hand für sich) soll abwechselnd periodisch längs oder quer zur Muskelfaserrichtung sein. Dauer: 2–3 Minuten.

Das Vibrieren

Das fortlaufende leichte Schütteln, Rütteln, die stockenden Vibrationen – leichtes Klatschen, Klopfen, Hacken. Dauer: 0,5–1 Minute.

Die Selbstmassage der hinteren Oberschenkeloberfläche hat ihre Eigenheiten, abhängig davon, daß diese Oberfläche weniger gut erreichbar für die eigenen Hände ist. Bei der Ausführung der Prozedur wird auf der Seite liegend nur eine Hand benutzt. Angenehm ist, sie so auszuführen: flaches fortlaufendes Streicheln von unten nach oben, kammartiges Verreiben, Drücken mit den Fingern, zangenartiges Kneten, Vibrieren – leichtes Klatschen, Hacken, Schütteln. Die Prozedur wird mit leichtem flachem Streicheln beendet.

Abb. 18

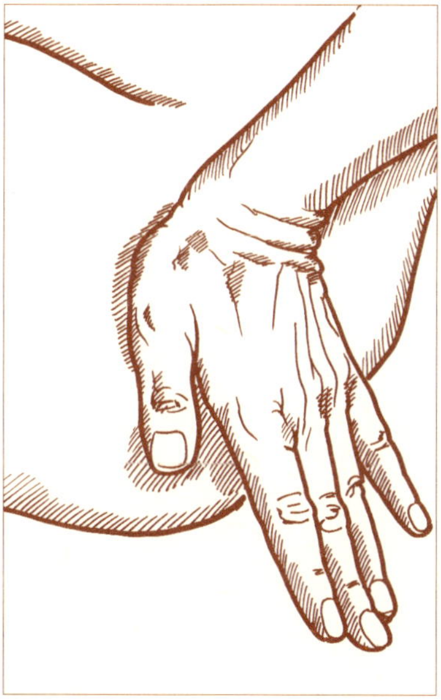

Abb. 19

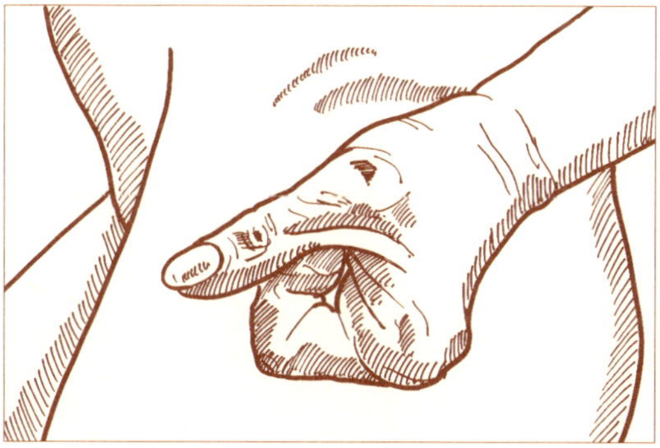

Abb. 20

Das Hüftgelenk

Während man den Oberschenkel massiert, bezieht man gewöhnlich auch das Hüftgelenk mit ein. Nur bei Zeitmangel kann man eine auf das Hüftgelenk begrenzte Selbstmassage ausführen oder wenn es dafür Gründe gibt wie Schmerz, Erschwerung der Bewegungen. Angewendet werden das kreisförmige Streicheln mit der Handfläche, das strichförmige Verreiben mit den Fingerspitzen und dem Kamm der zur Faust gebogenen Finger, das zangenartige Kneten der Muskeln, das Klopfen mit der flachen Faust. Die Anwendung wird mit kreisförmigem Streicheln beendet. Dauer: 3–5 Minuten.

Der Unterschenkel

Die Selbstmassage des Unterschenkels kann in liegender und sitzender Stellung ausgeführt werden. Dabei muß der Oberschenkel um 20–30° von der vertikalen Achse nach außen hin verschoben sein, und das Knie soll bis zu 90–120° gebeugt sein.

Zunächst wird die hintere Oberfläche massiert (Wadenmuskel), dann die vordere und seitliche.

Die Auswahl der Verfahren und die Stärke der Einwirkung hängen von der Dicke der Unterhautfettschicht und der Trainiertheit der Muskeln ab. Bei dickem Unterschenkel wird das Streicheln flächenartig ausgeführt, bei einem dünneren – indem man ihn umgreift (Abb. 21). Je ausgebildeter die Unterhautfettschicht ist

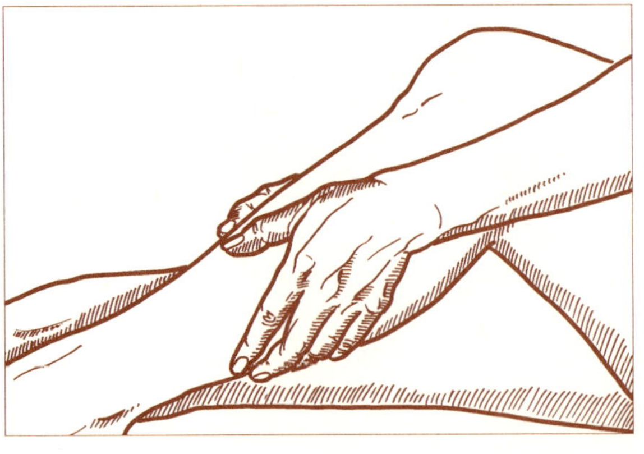

Abb. 21

und je mehr die Muskeln entwickelt sind, desto härter führt man die Verfahren aus.

Bei ausreichender Routine in der Selbstmassage ist es besser, das Verreiben, Kneten, Vibrieren nacheinander an isolierten Muskelgruppen durchzuführen, indem man die jeweiligen Verfahren durch das Streicheln abwechselt. Es ist auch nicht falsch, der Reihe nach jedes einzelne Verfahren auf der ganzen Wadenoberfläche auszuführen. Zu Anfang wird die Selbstmassage entsprechend der zweiten Methode leicht ausgeführt.

Das Streicheln:

Flaches oberflächliches und tiefgehendes, umgreifendes; harkenartiges – auf der äußeren und hinteren Oberfläche der Wade. Zangenartiges Streicheln der Achillessehne (Abb. 22) und des Schienbeinkamms (Abb. 23).

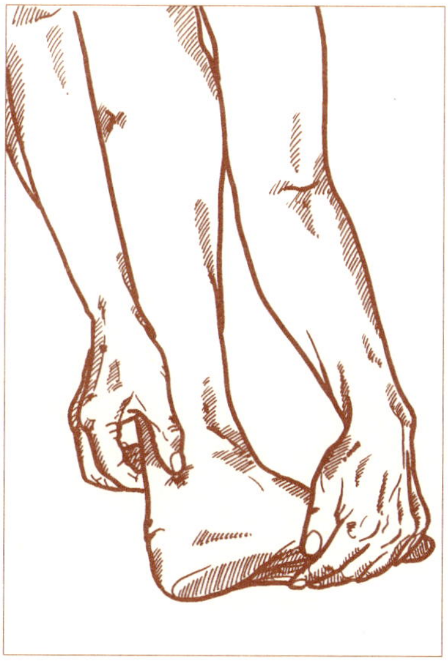

Abb. 22

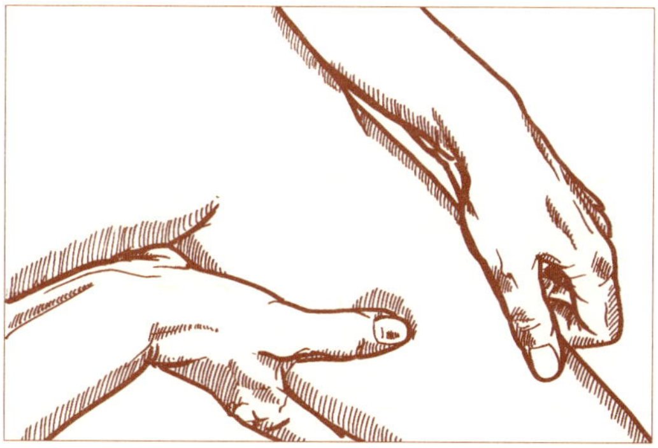

Abb. 23

Das Verreiben:

Harkenartiges, kammartiges Hobeln, Sägen und das Durchqueren werden mit den Fingerkuppen, dem Kamm der zur Faust gebogenen Finger und den Handkanten ausgeführt.

Das Kneten:

Zangenartiges, stockendes Zusammendrücken und Dehnen, Zusammenschieben und Walken.

Die Verfahren werden mit einer oder beiden Händen gleichzeitig oder abwechselnd ausgeführt.

Die Vibration:

Rhythmisches leichtes Klatschen, Klopfen, Hacken, Punktieren werden mit erschlaffter Hand, «weicher» Faust, der Handkante mit gespreizten Fingern ausgeführt.

Bei der Selbstmassage der Wade soll man der Achillessehne seine Aufmerksamkeit widmen. Mit dem Verreiben und Dehnen übt man auf sie den effektivsten Einfluß aus. Hauptsächlich indem man das zangenartige Verreiben, das Dehnen mittels Zurückbeugen des Fußes und das seitliche Schieben der Sehne anwendet (Abb. 24). Die Dauer der Prozedur beträgt 3–5–8 Minuten.

Das Kniegelenk

Die Mehrheit praktisch gesunder Menschen empfindet etwa nach dem vierzigsten Lebensjahr speziell morgens oder nach langem Sitzen Schmerz oder leichte Bewegungshemmungen im Kniegelenk. Mit den folgenden Massageverfahren können diese unangenehmen Erscheinungen behoben oder entschieden verringert werden.

Das Verreiben: mit den Fingern quer zur Gelenkspalte, spiralförmiges um die Kniescheibe herum, kreisförmiges über die seitliche Gelenkoberfläche, Schieben der Kniescheibe (Abb. 25).

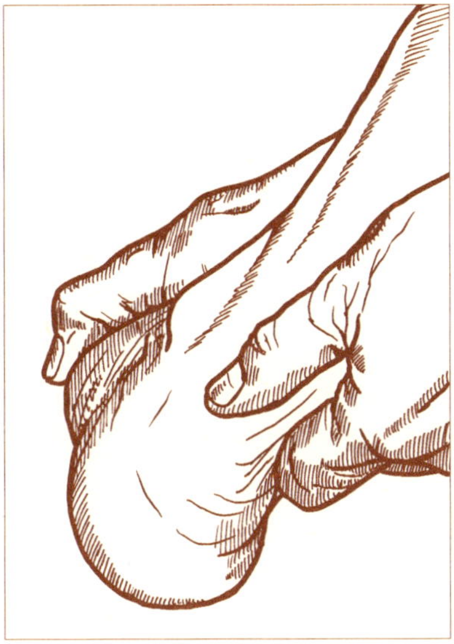

Abb. 24

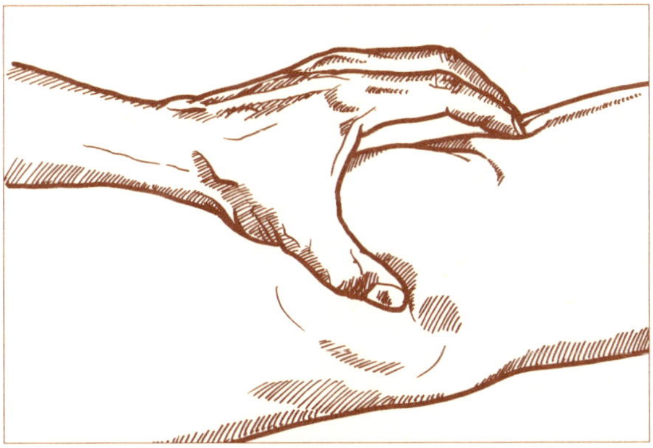

Abb. 25

Das Streicheln des Kniegelenks durch Dehnung: dafür ist es nötig, sich hochzusetzen (z.B. auf einen Tisch), die Beine hängenzulassen und sie stark zu schaukeln, wie das Kinder tun.
Das Schütteln: auf einem Bein stehend, Beugen und Strecken des Kniegelenks bei maximal erschlafften Muskeln. Die Prozedur dauert 2–5 Minuten.

Der Fuß und das Sprunggelenk

Die Selbstmassage des Fußes kann wie die Teilmassage des Beins oder isoliert ausgeführt werden. Anfangs erfolgt das oberflächliche und tiefgehende Streicheln der ganzen Beinoberfläche, das Verreiben von den Zehen aus hin zum Leistenbereich. Danach wird die Selbstmassage des Fußes und des Sprunggelenks durchgeführt.

- *Das flache* Streicheln des Fußrückens und der Zehen mit der Handinnenfläche.
- *Zangenartiges:* der äußeren und inneren Fußkante und dann jedes einzelnen Zehs vom Fußnagel aus in Richtung Zehanfang; umgreifendes und flaches Streicheln des Sprunggelenks.
- *Zangenartiges und geradliniges Verreiben* der Achillessehne und Ferse; flaches, spiralförmiges und zirkuläres Reiben des Fußrückens; Schraffieren der Knöchelzwischenräume; zangenartiges Verreiben der Fußkanten, kammartiges auf der Fußsohlenoberfläche.

Das Kneten:
stockendes Drücken der Fußaußen- und Fußinnenkante (Abb. 26).
Drücken auf die Ferse, auf die Ballen des großen und des kleinen Zehs mit den Daumen oder den Kämmen der zur Faust gebeugten Finger der massierenden Hand;
das «Zerdrücken» mit den Kuppen der Daumen;
das «Zerbrechen» des Fußes erinnert an den Versuch, den Fuß in die Knochenbestandteile aufzuteilen (Abb. 27);
das Zurückziehen jedes Zehs mit gebeugten Fingern.

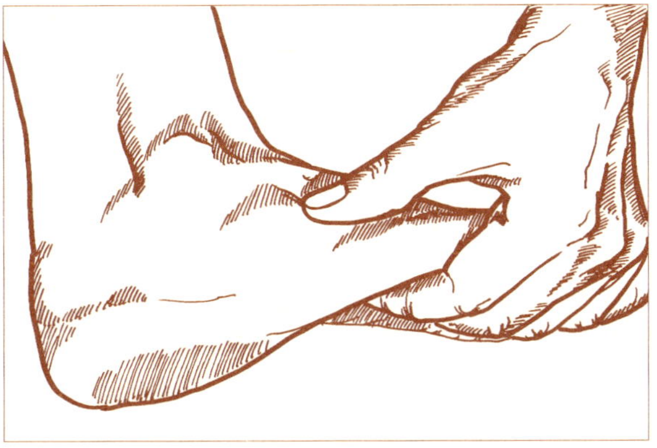

Abb. 26

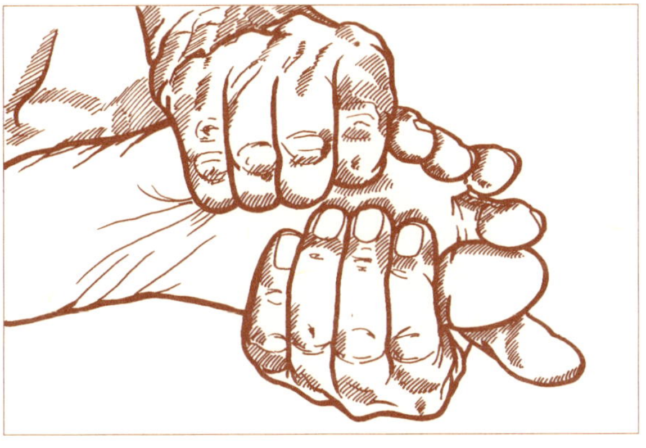

Abb. 27

Das Vibrieren:

Das Klopfen, leichtes Klatschen, Punktieren, Rütteln. Die Dauer der Prozedur beträgt 3–5 Minuten.

Einige Massageverfahren werden an einem Bein mit Hilfe des anderen liegend oder sitzend durchgeführt. Die vorderen Bereiche werden von der Ferse oder der Achillessehne massiert (Abb. 28), die hinteren – von dem Fußbogen und der Fußsohle (Abb. 29). Die Selbstmassage mit dem Bein wird besonders bei Senkfuß empfohlen, weil die Massagebewegungen, die von dem Bein ausgeführt werden, eben diejenigen seiner Muskeln stärken, die den Fußbogen unterstützen. Das Resultat ist, daß die Muskeln beider Beine gestärkt, die Gelenke beweglicher und der Gang beschwingter werden.Die Prozedur kann durch die Handselbstmassage ergänzt werden.

Die erste Etappe der Aneignung der Selbstmassage darf man nicht überstürzen. Es ist besser, jedes Verfahren einzeln mit mehrfachen Wiederholungen auszufeilen und erst dann alle Verfahren in einer einzigen Prozedur zusammenzunehmen. Nach beispielsweise 5–7 Sitzungen hat man eine ausreichende Routine erlangt. Positive Veränderungen in Ihrem Selbstgefühl und Ihrer Gesundheit werden sich einstellen. Nachdem Sie sich davon überzeugt haben, daß die Beine kräftiger, «jünger» geworden sind, können Sie mit der Selbstmassage der übrigen Körperteile beginnen.

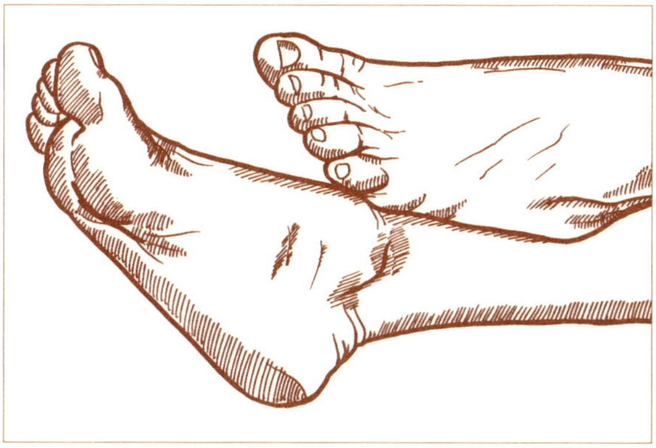

Abb. 28

Abb. 29

Der Taillenbereich und der Rücken

Rückenprobleme treten bei den meisten Menschen im Alter zwischen 35–45 Jahren auf und können sich auf unterschiedlichen Stufen ausdrücken: von einfacher Ermüdung bis hin zu schärfsten Schmerzen und zum Verlust der Arbeitsfähigkeit. Die Erkrankung schreitet gewöhnlich fort, und der Zustand verschlechtert sich stufenweise.

Diesen Prozeß kann man in den meisten Fällen stoppen, wenn man rechtzeitig mit der Selbstmassage beginnt. Aber zuerst sollte man Röntgenuntersuchungen durchführen lassen und einen Orthopäden konsultieren. Es kommt häufig vor, daß ein Schmerzsyndrom mit dem Herausfallen einer Bandscheibe – speziell im Teil zwischen dem fünften Taillen- und dem ersten Kreuzwirbel – zusammenhängt. Hier muß man sich vor abrupten Bewegungen und Manipulationen, die auf das Einrichten der herausgefallenen Scheibe gerichtet sind, sehr hüten. Wir haben Kranke gesehen, bei denen durch den Versuch des Einrichtens eine extreme Verschlechterung eintrat: Die Scheibe verschob sich noch mehr, quetschte eine im Rücken vorbeilaufende Arterie, letztendlich wurde die Versorgung des Rückenmarks gestört, was zu Lähmungen der Füße und zu Hemmungen des Harnflusses führte. Eine Notoperation kann den Grund für die Verschiebung der Nervenwurzel beseitigen (die herausgefallene Bandscheibe), aber die Folgen der Verschiebung werden sich noch lange Zeit bemerkbar machen. Um ähnliche tragische Komplikationen zu umgehen, empfehlen wir nochmals nachdrücklich, alle Manipulationen an der Wirbelsäule – die Selbstmassage eingeschlossen – erst nach der Konsultation eines Facharztes durchzuführen.

Die Prozedur kann stehend, sitzend oder auf dem Bauch liegend mit leicht angehobener Kopfstütze durchgeführt werden. Bei sitzender oder stehender Ausführung der Massageverfahren muß der Rumpf ein wenig nach hinten gebeugt werden, um die Spannung der Rückenmuskeln zu verringern. Die Massagebewegungen verlaufen längsgerichtet (vom Kreuz nach oben entlang der Wirbelsäule) und quer (auf der Seite zum Leisten- und vorderen Rumpfbereich).

Das Streicheln:

- oberflächliches und tiefgehendes mit den Handflächen und den Handrücken vom Kreuz nach oben zum Hals und von der Wirbelsäule aus zu den Seiten und nach vorn (Abb. 30);
- «Bügeln» der Rückenmuskeln von unten nach oben mit zur Faust geschlossener Hand (Abb. 31);

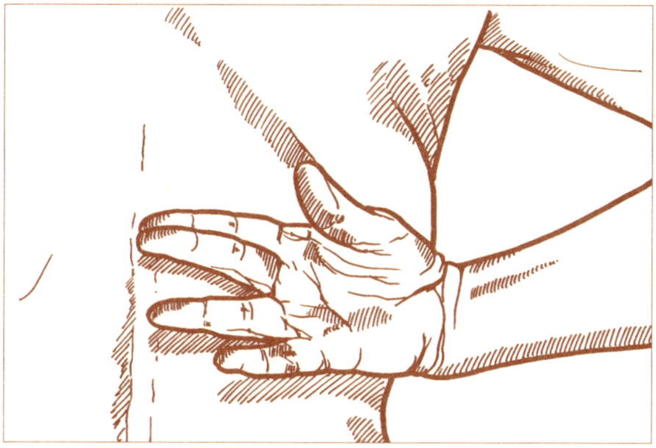

Abb. 30

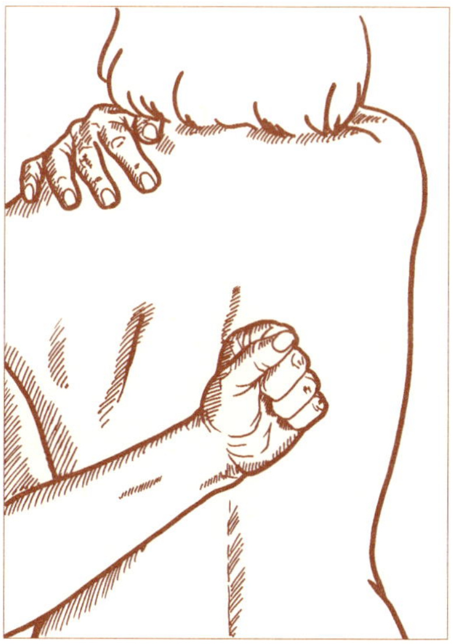

Abb. 31

– umgreifendes Streicheln mit der Hand wird an der seitlichen Rumpfoberfläche von unten nach oben ausgeführt (Abb. 32), abwechselnd nach rechts und links.

Das Verreiben:

– mit dem Kämmen der Finger, die zur Faust gebeugt sind, werden die weichen Gewebe des Rückens in die verschiedenen Richtungen gerieben (Abb. 33);
– kreisförmiges: mit dem Fingerspitzen Kreise beschreiben, indem man sie von beiden Seiten aus entlang der Wirbelsäule verschiebt. Diese kreisförmigen Bewegungen werden auf den Dornfortsätzen der Wirbelsäule ausgeführt;
– Schraffieren: mit den Fingern werden strichförmige Bewegungen von unten nach oben auf der seitlichen Rumpfoberfläche und horizontal entlang der Oberkante der Beckenknochen von hinten nach vorn und von vorn nach hinten ausgeführt. Mit den Fingerspitzen werden die Ecken der Schulterblätter gerieben. Dazu wird der Arm der zu massierenden Seite im Ellenbogen ge-

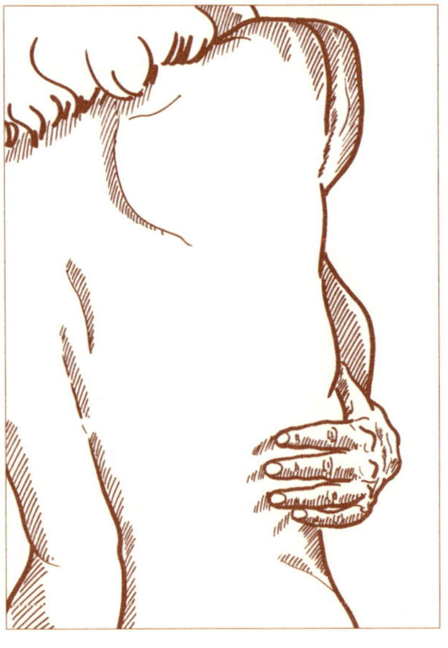

Abb. 32

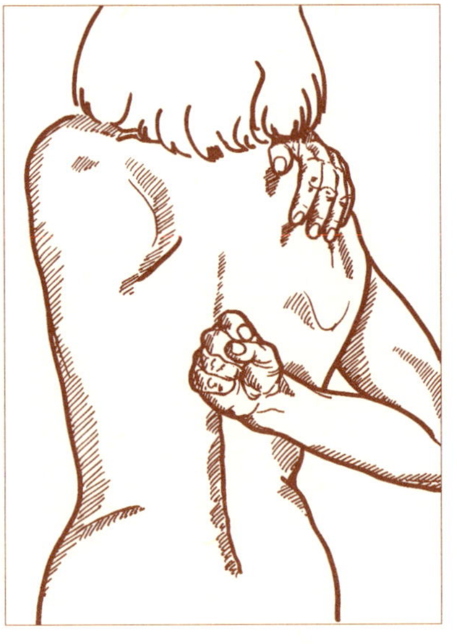

Abb. 33

beugt, die Hand in die Taille gestellt, die Schulter gesenkt und zurückgeschoben. Mit den Fingern der anderen Hand werden verreibende und knetende Bewegungen im Bereich des Schulterblatts (die von der Hand erreicht werden) vollführt (Abb. 34).

Das Kneten:

- stockendes Drücken mit den Fäusten entlang der Wirbelsäule;
- zangenartiges aufeinanderfolgendes Zusammenpressen der langen Rückenmuskeln von unten nach oben mit beiden Händen gleichzeitig auf beiden Seiten oder auf jeder Seite der Reihe nach (Abb. 35);

Abb. 34

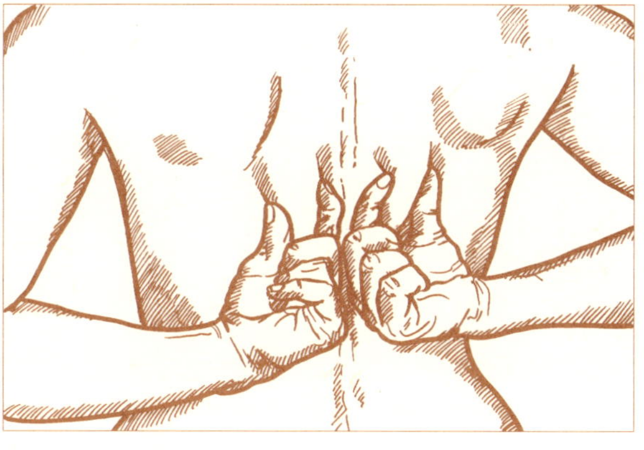

Abb. 35

- Zusammenschieben der langen Rückenmuskeln von der Wirbelsäule aus nach außen hin und umgekehrt zur Wirbelsäule hin (Abb. 36).

Vibrieren:
- das Klopfen (ohne den Taillenbereich): mit der Faust, mit der Handkante, mit den Fingerspitzen.

Die mittleren Rückenbereiche (in Höhe des Schulterblatts) sind für die Mehrheit der Menschen bei der Selbstmassage nicht erreichbar. Deshalb kann man für die Einwirkung auf diese Zone ein spezielles Vibrationsgerät benutzen (Abb. 37) oder einfach ein hartes Handtuch.

Die oberen Rückenbereiche oberhalb des Schulterblatts, das Schulterblatt, zwischen den Schulterblättern und die Zonen um die Achselbereiche herum kann man massieren, indem man die Hand der anderen Seite über die Schulter nach oben oder unter der Achselhöhle hindurch auf den Rücken bringt.

Die Prozedur der Rückenmassage kann durch folgende Übung vervollständigt werden. Mit dem Rücken auf eine harte Unterlage liegen (Fußboden, Schlafcouch), die Beine im Hüftgelenk beugen. Die Knie mit den Armen umgreifen und zur Brust ziehen. Auf dem Rücken hin und her schaukeln, vor – zurück, seitwärts – nach rechts und links, indem die Bewegung «Schaukelpferd» vollführt wird. Beendet wird die Übung mit dem Streicheln. Die Rückenselbstmassage dauert 10–20 Minuten.

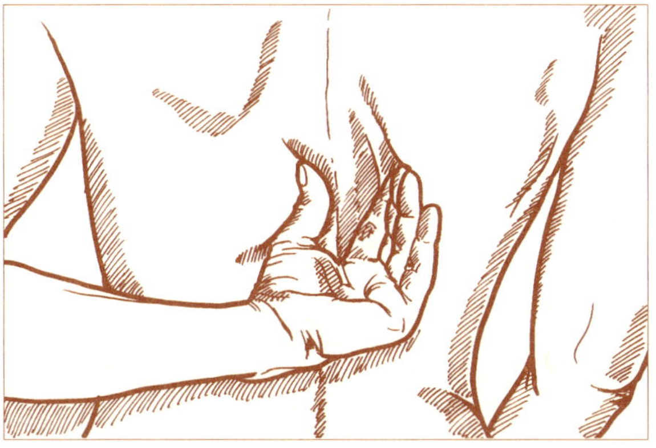

Abb. 36

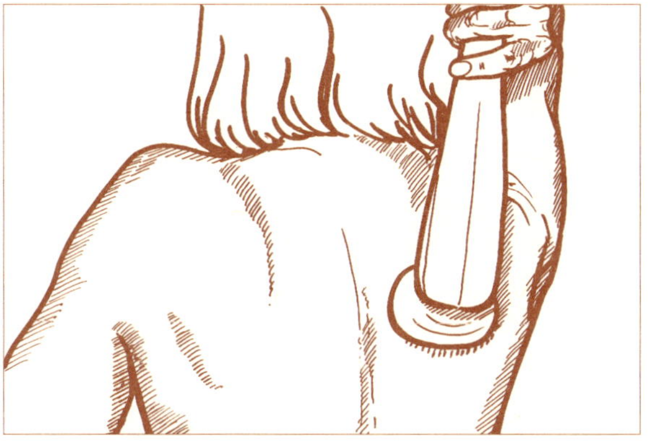

Abb. 37

Der Bauch

Ein normaler Bauchmuskeltonus für die richtige Lage der Organe in der Bauchhöhle schafft die Bedingungen für eine normale Funktion des Verdauungstraktes und der Harnwege. Die Erschlaffung der Muskeln der Bauchwand führen zur Verschiebung der Organe in der Bauchhöhle, woraus eine Störung und Erschwerung ihrer Funktionen resultiert. Außerdem verstärkt sich bei schwachen Bauchmuskeln die Belastung der Atmungsmuskulatur und des Herzmuskels. Ein schlaffer und herunterhängender Bauch ist nicht nur unästhetisch, sondern erweist sich ebenso als Anzeichen einer vernachlässigten Gesundheit.
Ein unbefriedigender Zustand der Bauchwand erweist sich nicht als unumkehrbar. Durch die Massageverfahren können der Bauchmuskeltonus und die Spannkraft der Haut im ganzen erhöht werden.
Die vernünftigste Stellung für die Bauchmassage ist die Rückenlage. Der Kopf soll auf einer Schlummerrolle oder einem Polster liegen. Die Beine müssen im Knie gebeugt, die Knie zur Seite auseinandergebogen sein, um die Spannung in den Bauchmuskeln zu verringern. Ebenso ist es möglich, die Selbstmassage in sitzender Stellung, leicht nach vorn gebeugt, auszuführen. Der Kopf muß, gleichgültig in welcher Stellung massiert wird, zur Brust gebeugt sein, um die Spannung der Bauchmuskeln zu mindern.
Die Auswahl der Verfahren und der Druckstärke auf das Gewebe bei der Bauchmassage muß von dem Ausgangsbauchmuskeltonus und der Dicke der Unterhautfettschicht abhängen. Bei schlaffen Muskeln dürfen die Hände nicht tief versenkt werden, um nicht unmittelbar auf die Organe der Bauchhöhle einzuwirken, weil dies negative Folgen hervorrufen kann. Es gibt Methoden zur unmittelbaren Einwirkung auf die Organe des Bauches, aber um so eine Massage durchzuführen, bedarf es eines Facharztes. Bei einer großen Unterhautfettschicht werden die Verfahren mit größerer Anstrengung ausgeführt, um auf alle Schichten der Bauchwand einzuwirken.

Das Streicheln:

- oberflächliches kreisförmiges – wird mit einer oder mit beiden Händen abwechselnd im Uhrzeigersinn ausgeführt, indem man im rechten Lendenbereich beginnt und sich nach oben zum rechten Unterrippenbereich und zum linken Lendenbereich bewegt;
- flaches, tiefergehendes, von der horizontalen Linie auf Höhe des Nabels aus nach oben zur Achselhöhle hin und nach unten zur Leiste;
- umgreifendes Streicheln der seitlichen Bereiche des Bauchs.

Das Verreiben:

- quer und längsgerichtetes mit geöffneter Hand oder mit der Faust von unten nach oben;
- Sägen mit der Handkante in verschiedene Richtungen (Abb. 38).

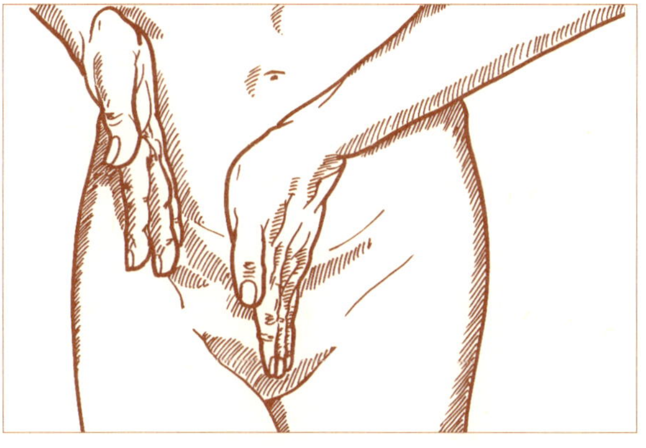

Abb. 38

Das Kneten:

- erweist sich als sehr wichtiges Verfahren, weil es auf die ganze Schicht der vorderen Bauchwand Einfluß nehmen muß, einschließlich der tiefsten Muskelschichten, aber auf gar keinen Fall die Organe der Bauchhöhle traumatisieren darf. Die folgenden Spielarten des Knetens sind am effektivsten:
- rhythmisches Drücken mit der Handfläche im Uhrzeigersinn. Das Drücken kann verbunden werden mit gleichzeitigem Überrollen über die Bauchoberfläche mit dem Ballen der massierenden Hand von dem Ballenhügel des kleinen Fingers zum Daumenballen oder umgekehrt;
- die Bewegungen der Hand sind aufeinandertreffend oder auseinandergehend, wobei sie auf die Bauchwand drücken (Abb. 39);
- das Durchqueren in vertikaler und schrägen Richtungen (Abb. 40);
- das Auspressen in alle Richtungen – hoch–hinunter –, um auf die geraden Bauchmuskeln einzuwirken; über die Diagonale –, um auf die schrägen Muskeln einzuwirken. Ausführung mit der Handbasis, dem Daumenhügel;
- Dehnen und Zusammendrücken einzelner Muskelgruppen (Abb. 41).

Das Vibrieren:

- leichtes Klatschen mit der Handkelle, Klopfen mit der Faust, Hacken mit der Handkante;
- Erschüttern des Bauches, nachdem man mit den Händen seine seitlichen Abschnitte ergriffen hat, werden schaukelnde und schüttelnde Bewegungen ausgeführt.

Wie gewöhnlich werden alle Verfahren durch das Streicheln untereinander gewechselt. Die Prozedur endet auch mit dem Streicheln, das gegen Ende immer oberflächlicher und langsamer werden muß. Die Dauer der Prozedur beträgt 10–12 Minuten. Die Bauchmassage soll mit Einkalkulierung der Essenszeit durchgeführt werden – etwa 30 Minuten vor dem Essen oder 2,5–3 Stunden nach dem Essen.

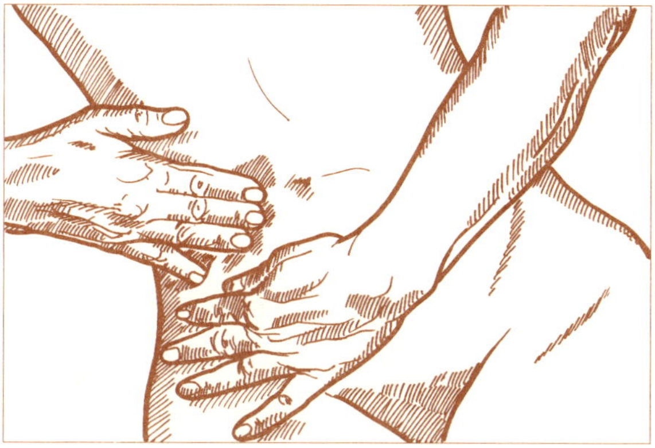

Abb. 39

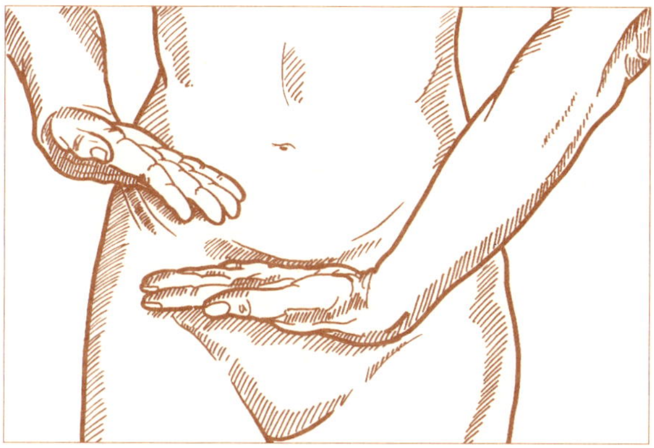

Abb. 40

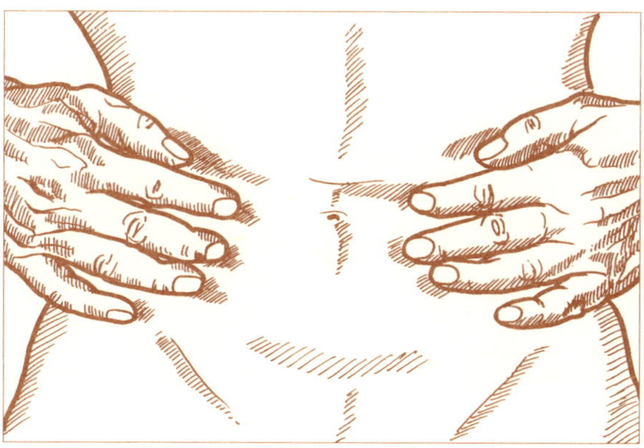

Abb. 41

Die vordere Oberfläche des Brustkastens

Die Selbstmassage der vorderen Brustkastenoberfläche wird auf dem Rücken liegend oder stehend ausgeführt. Die Richtung der Massagebewegungen verläuft von der Gürtellinie und der Rumpfmittellinie zur Schlüsselbein- und Achselhöhle.

Bei Frauen werden bei allgemeingesundheitlicher Selbstmassage oder bei Erkrankungen nicht gynäkologischen Charakters die Brustdrüsen nicht massiert. Bei einigen gynäkologischen Erkrankungen führen Spezialisten eine besondere Massage an den Brustdrüsen durch, aber diese Methode empfiehlt sich für die Selbstmassage nicht. Die Massageverfahren werden mit der Hand auf der gegenüberliegenden Hälfte des Brustkastens ausgeführt. Die andere Hand muß eine Stütze haben, damit die Muskeln auf der zu massierenden Hälfte des Brustkastens maximal erschlafft sind.

Das Streicheln:

- flaches Streicheln und Bügeln der vorderen Abschnitte des Brustkastens (Abb. 42);
- umgreifendes – in den Bereichen der großen Brustmuskeln;
- harkenartiges – der Rippenzwischenräume vom Brustbein zur Wirbelsäule;
- Streicheln der Rippenbögen mit den Fingern längs von der vorderen Zentrallinie aus zu den seitlichen Oberflächen.

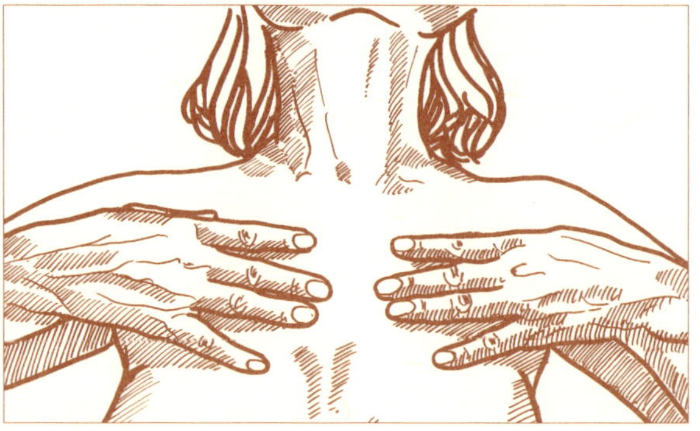

Abb. 42

Das Verreiben:

- mit den äußeren Fingeroberflächen, die halb zur Faust gebogen sind, werden die großen Brustmuskeln in der Muskelfaserrichtung oder quer dazu gerieben;
- Schraffieren der Rippenzwischenräume.

Das Kneten:

- Drücken, Zusammendrücken, Schieben der großen Brustmuskeln;
- stufenweises Drücken auf die Muskeln zwischen den Rippen in die Rippenzwischenraumrichtung;
- Dehnen und Zusammendrücken des Brustkastens: die Hände werden auf die unteren Seiten des Brustkastenabschnitts gelegt, man macht einen tiefen Atemzug, und im Moment des Ausatmens drückt man den Brustkasten ruckartig zusammen. Dieses Verfahren kräftigt nicht nur die Muskeln und Bänder des Brustkastens – es macht ihn beweglicher –, sondern bewirkt auch eine Reinigung der Atemwege von Schleim- und Staubteilchen.

Das Vibrieren:

- Schütteln der Brustmuskeln. Dazu wird die Hand der zu massierenden Seite in die Taille gestellt und mit der gegenüberliegenden Hand der große Brustmuskel ergriffen und schüttelnde Bewegungen ausgeführt;
- leichtes Klatschen über den Brustkasten, indem die Brustdrüsen und der Herzbereich umgangen werden. Dies führt die Hand in «Kellenform» aus;
- das Klopfen mit den Fingerspitzen: Der Effekt dieses Verfahrens kann verstärkt werden, wenn man nach dem tiefen Ausatmen tief einatmet, den Atem anhält und in dieser Periode mit den Fingerspitzen auf die verschiedenen Abschnitte des Brustkastens klopft. Dadurch wird eine maximale Reinigung der Atemwege erreicht, der Lufttransport der Lungenmembran und der Gasaustausch über sie verbessert, also die Absorption von Sauerstoff im Blut und die Abgabe von Kohlenstoff aus dem Blut. Die Prozedur dauert 10–15 Minuten.

Der Arm

Die Armmassage wirkt nicht nur wohltuend auf die Arme selbst, sondern auch auf den Zustand des Großhirns, seine Blutzirkulation und Wechselprozesse. Indem wir die Arme massieren, können wir Kopfschmerzen wie Schwindel eindämmen, den Arteriendruck normalisieren, das Gedächtnis verbessern. Durch die Anwendung der Selbstmassage kann die Einnahme von Medikamenten verringert werden, was besonders wichtig für diejenigen ist, die sie schlecht vertragen.

Das Besondere der Armmassage ist, daß die Prozedur nur mit einer Hand ausgeführt werden kann. Große Unbequemlichkeiten empfinden dabei «strenge Rechtshänder» (oder «Linkshänder») – Menschen, die einen Großteil ihrer Handlungen mit einer Hand ausführen. Aber deshalb ist besonders diesen Personen die Selbstmassage zu empfehlen. Der rechte Arm ist bei den Rechtshändern (der linke bei Linkshändern) immer überbelastet, was eine Übermüdung der Muskeln der Schulterzone und des Halses auf der einen Seite nach sich zieht. Die ungleiche Belastung der Muskeln des Halsbereichs führt in ihrer Folge zur frühzeitigen Entwicklung von Osteochondrose mit oft schwerem Verlauf und zu Störungserscheinungen im Blutkreislauf des Gehirns. Indem wir die Arme einen nach dem anderen massieren, verringern wir das Belastungsungleichgewicht der Muskeln des Halses und des Schulterbereichs, was der Entwicklung von Krankheitserscheinungen entgegenwirkt und sogar schon zutage getretene beseitigt.

Die Prozedur wird sitzend oder liegend ausgeführt. Der zu massierende Arm soll vom Rumpf abgewinkelt, im Ellenbogen gebeugt und die Hand nach unten gedreht sein.

Abhängig vom Ziel der Selbstmassage kann der ganze Arm oder seine Teilabschnitte massiert werden. Die Richtung der Massagebewegungen verläuft von den Fingern zur Schulter, entsprechend dem Lauf der Lymph- und Blutgefäße. Zur Vorbeugung oder Beseitigung der Ermüdung ist es besser, beide Arme zu massieren. Bei örtlichen Schmerzen und Zeitmangel ist es möglich, die Massage auf ein Segment der Gliedmaßen zu begrenzen.

Wie bei der Massage des ganzen Arms wird auch auf den einzelnen Teilen zuerst das Streicheln von den Fingern zum Schultergelenk durchgeführt.

Das Streicheln:
das allgemein oberflächliche und tiefgehende (Abb. 43) und danach das umgreifende Streicheln des Arms von den Fingern zum Schultergelenk.
Nach dem allgemeinen Streicheln kann man nacheinander den gesamten Verfahrenskomplex am ganzen Arm ausführen (Methode 1) oder zur Massage der einzelnen Teile übergehen, indem man am Oberarm und dem Schulterbereich beginnt (Methode 2).

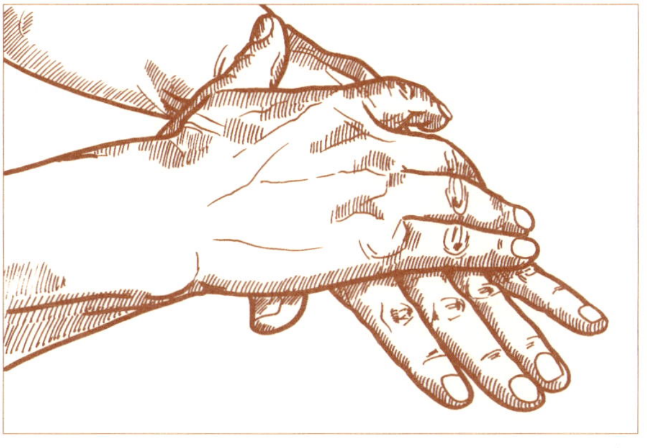

Abb. 43

Der Oberarm

Das Streicheln:

- tiefgehendes, flaches und umgreifendes vom Ellenbogen- zum Schultergelenk. Die Stellung des massierenden Arms ist quer zu den Muskelfasern der zu massierenden Gliedmaßen (Abb. 44);
- zangenartiges Streicheln des Muskels und der Sehnen mit den Fingern (Abb. 45).

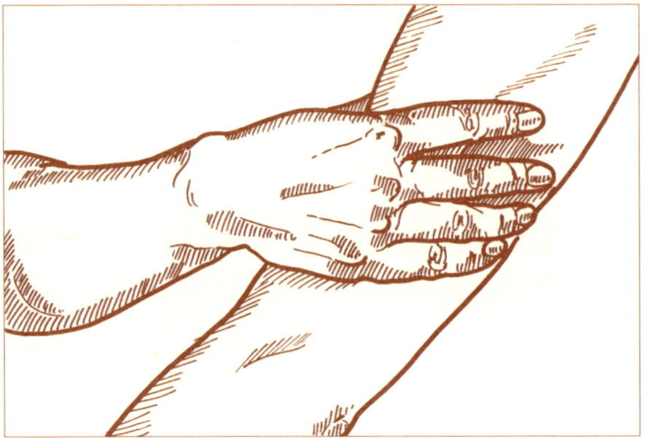

Abb. 44

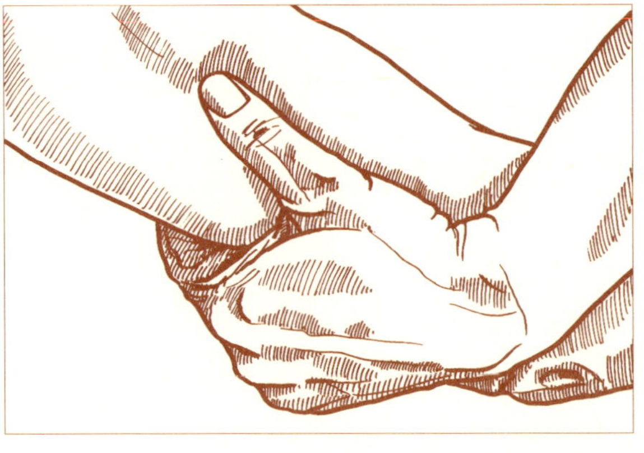

Abb. 45

Das Verreiben:

- mit ausgestreckten oder zur Faust gebeugten Fingern, der Handkante (Abb. 46). Es wird getrennt auf den vorderen und hinteren Oberflächen ausgeführt;
- zangenartiges Verreiben wird dem Muskelverlauf entsprechend von unten nach oben vom Ellenbogen zur Schulter und auf dem Schultergelenk ausgeführt (Abb. 47).

Beim Verreiben und Kneten des unmittelbaren Schulterbereichs verändert sich für besseres Erreichen der einzelnen Teile seiner Gelenktasche die Stellung des

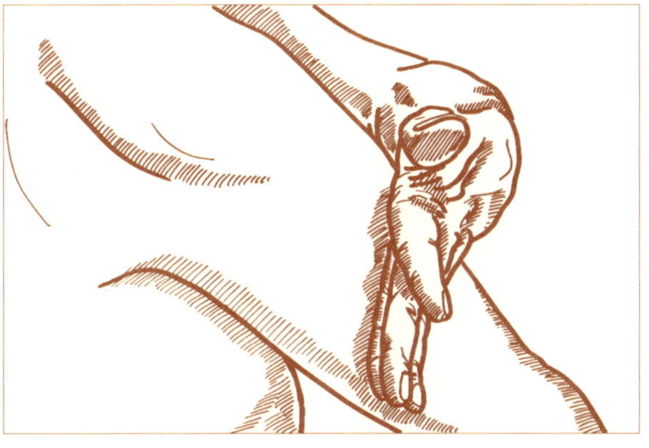

Abb. 46

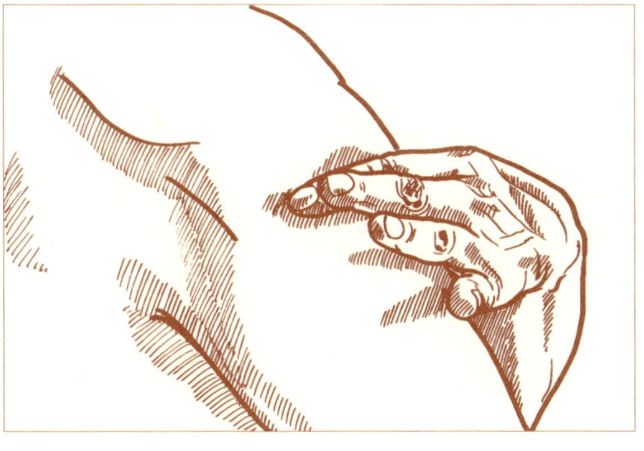

Abb. 47

zu massierenden Arms. Bei der Massage der vorderen Oberfläche wird der Arm auf den Rücken gelegt, bei der hinteren Oberfläche – auf die gegenüberliegende Schulter, bei der unteren – zur Seite gestreckt. Durchgeführt werden zirkuläres, strichförmiges und zickzackförmiges Verreiben.

Das Kneten:
- zangenartiges im Gelenkbereich;
- stoßweises Dehnen der Muskeln auf der vorderen und hinteren Oberfläche mit den Fingern (Abb. 48).

Das Vibrieren:
- leichtes Klatschen, Hacken, Punktieren.

Nach der Selbstmassage können aktive und passive Bewegungen ausgeführt werden. Die Dauer der Prozedur beträgt 3–5–7 Minuten.

Der Unterarm

Für die Ausführung der Selbstmassage am Unterarm soll man ihn horizontal vor sich legen. Zuerst massiert man die innere Oberfläche (d. h. die Seite der Handfläche) und dann die äußere. Die Bewegung wird von der Hand zum Ellenbogen geführt.

Das Streicheln:
- oberflächliches flaches und tiefgehendes umgreifendes – wird mit der Handinnenfläche ausgeführt;
- das Bügeln – mit der Rückseite der zur Faust gebogenen Finger (Abb. 49);
- zangenartiges Streicheln einzelner Muskeln und Sehnen.

Das Verreiben:
- kreisförmiges mit den Fingerspitzen;
- längsgerichtetes Schraffieren mit den Fingerspitzen (Abb. 50).

Abb. 48

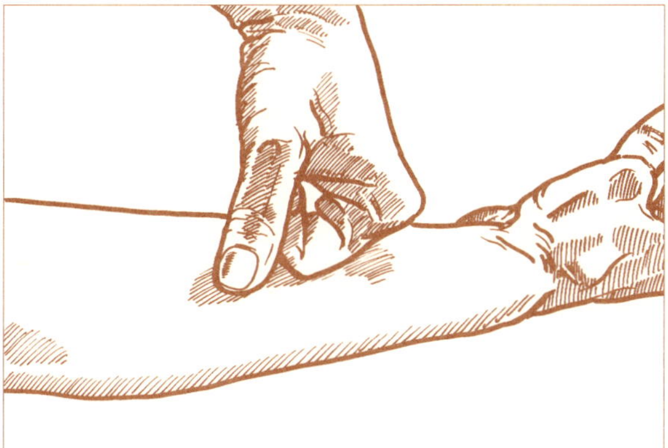

Abb. 49

Abb. 50

Das Kneten:

- stockendes Drücken in Längs- und Querrichtung;
- zangenartiges Kneten einzelner Muskelgruppen in Längsrichtung von der Hand zum Ellenbogen (Abb. 51);
- stockendes umgreifendes Dehnen des Unterarms;
- Strecken einzelner Muskeln, Zusammenschieben.

Das Vibrieren:

- leichtes Klatschen, Klopfen, Hacken, Punktieren (Abb. 52), Rütteln.

Die Prozedur dauert 2–3–5 Minuten.

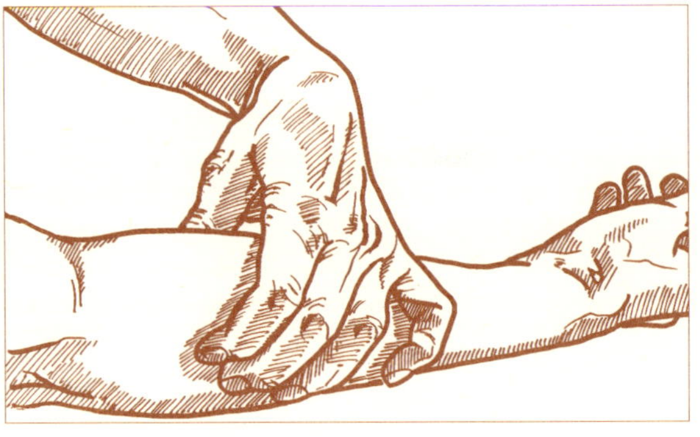

Abb. 51

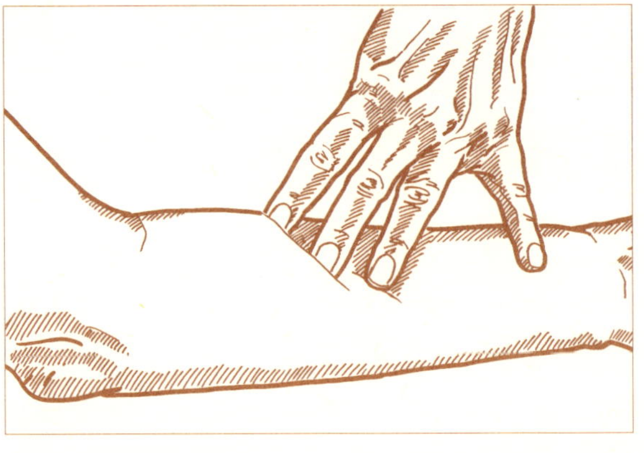

Abb. 52

Das Ellenbogengelenk

Das Streicheln:

- flaches oberflächliches und umgreifendes tiefgehendes – wird mit der Handinnenfläche ausgeführt;
- kreisförmiges Streicheln der hinteren und seitlichen Gelenkoberfläche mit dem Handballen (Abb. 53).

Das Verreiben:

- zirkuläres – über die hintere und seitliche Gelenkoberfläche. Dazu wird der Daumen auf der inneren Gelenkoberfläche plaziert und die verbleibenden 4 Finger der massierenden Hand – auf der äußeren Oberfläche (Abb. 54). Da-

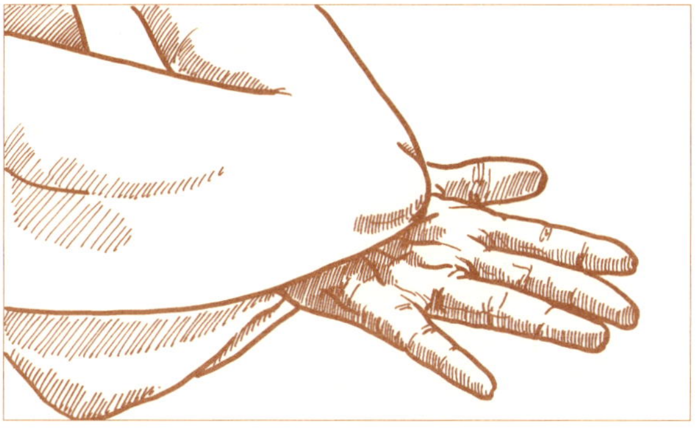

Abb. 53

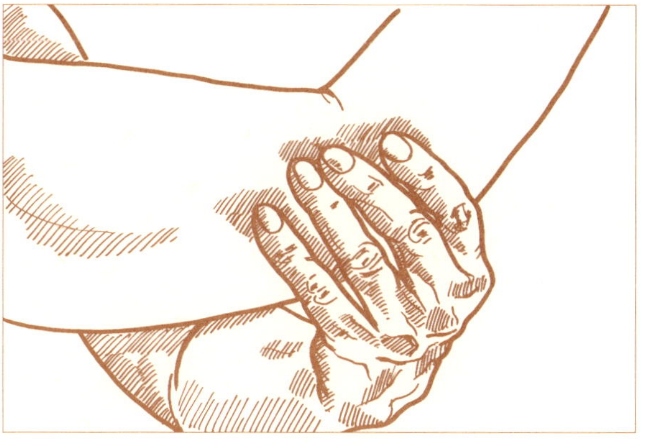

Abb. 54

nach wird die Fingerstellung gewechselt und genau dieses Verfahren auf der gegenüberliegenden Seite des Gelenks ausgeführt;
- das Schraffieren mit den Fingerspitzen um das Ellenbogengelenk herum, die innere Oberfläche ausgeschlossen. Besondere Aufmerksamkeit wird den Stellen zur Sehnenkräftigung geschenkt;
- das Dehnen des Ellenbogengelenks;
- stockende und fortlaufende Vibration im Bereich der seitlichen Oberflächen des Gelenks mit den Fingern.

Dauer der Prozedur: 2–3–5 Minuten.

Die Hand und das Handgelenk

Die Prozedur wird gewöhnlich im Sitzen ausgeführt, aber es ist auch möglich, die Selbstmassage in liegender oder stehender Position durchzuführen. Die Richtung der Massagebewegung verläuft von den Fingerspitzen aus zum Handgelenk.

Das Streicheln:
- flaches: der Handrückenoberfläche;
- harkenartiges: der Handfläche (Abb. 55);
- Streicheln jedes einzelnen Fingers (Abb. 56);
- Streicheln der Handknochenzwischenräume mit den Daumen der massierenden Hand (Abb. 57).

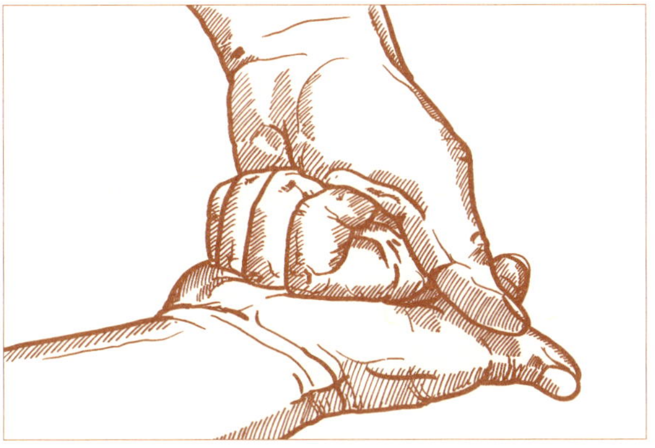

Abb. 55

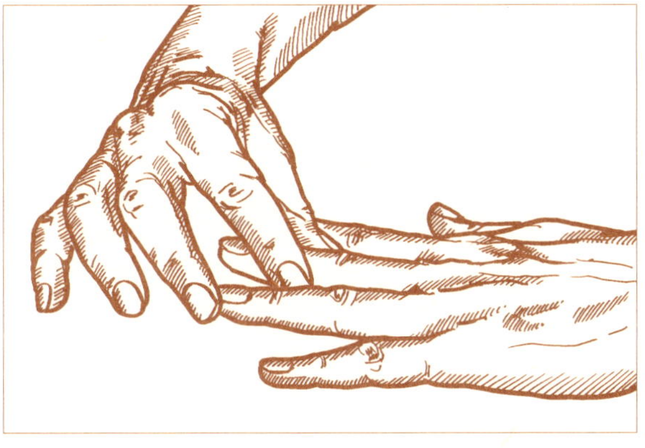

Abb. 56

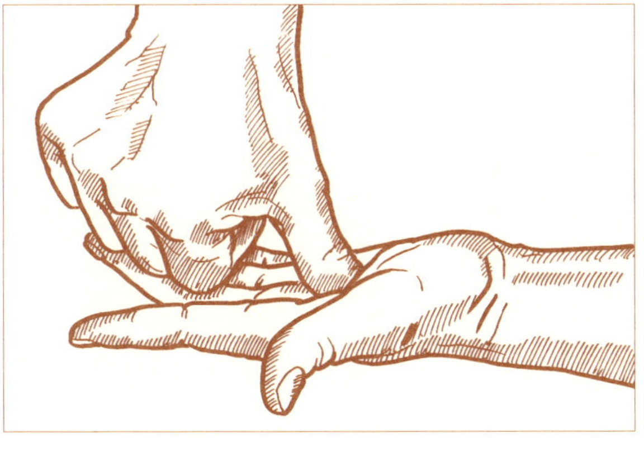

Abb. 57

Das Verreiben:

- flaches Verreiben der Handfläche und des Handrückens mit dem Ballen der anderen Hand (Abb. 58); Bügeln wird mit geballter oder halbgeballter Faust ausgeführt;
- das Schraffieren der Handrückenoberfläche mit dem Zeige- und Mittelfinger der massierenden Hand, dabei verschiebt sich die Haut um etwa 1 Zentimeter in Bewegungsrichtung (Abb. 59);

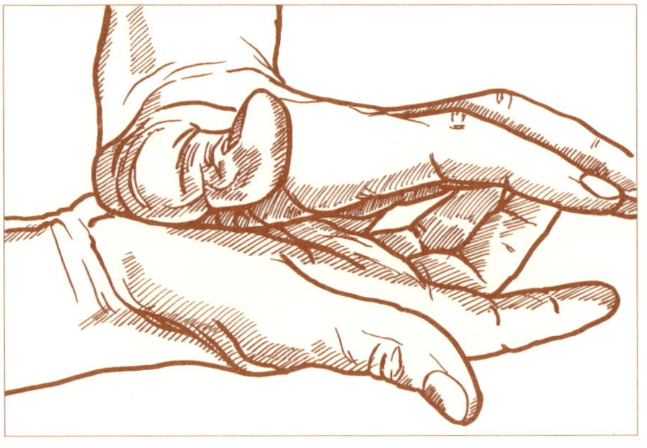

Abb. 58

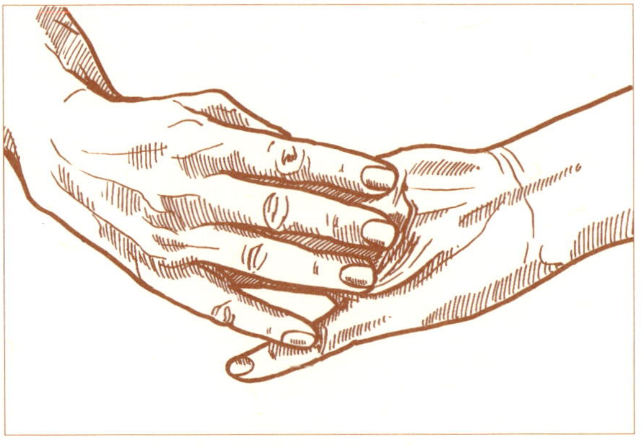

Abb. 59

- zangenartiges Verreiben der seitlichen Handoberflächen, der Erhebungen des Daumens und des kleinen Fingers (Abb. 60) und ebenso jedes einzelnen Fingers (Abb. 61);

Abb. 60

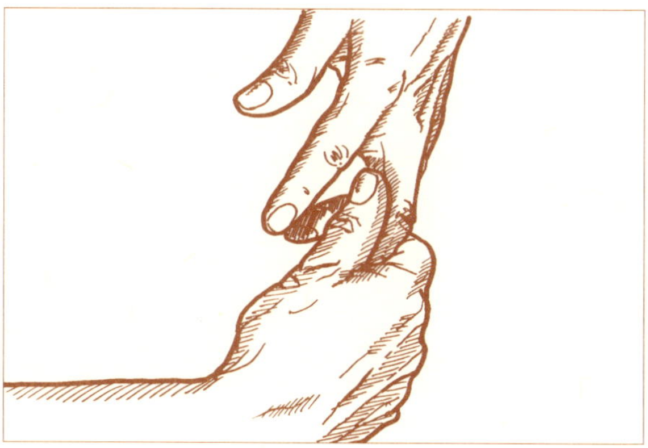

Abb. 61

- spiralförmiges Verreiben jedes Fingers, indem er mit 2 oder 3 gebeugten Fingern der massierenden Hand gegriffen wird (Abb. 62);
- quergerichtetes Verreiben der rückwärtigen und seitlichen Abschnitte des Handgelenks mit den Fingern (Abb. 63).

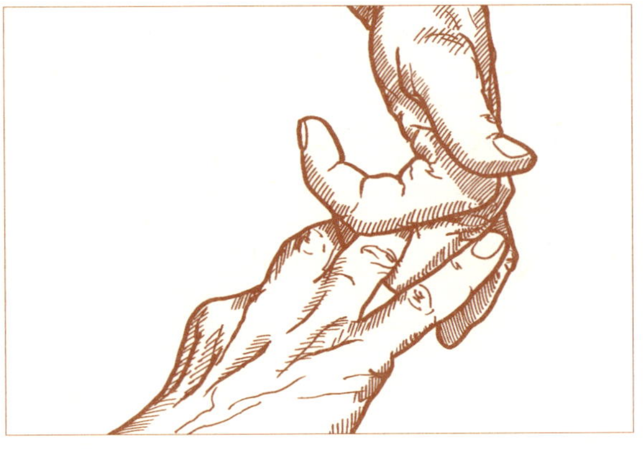

Abb. 62

Abb. 63

Das Kneten:

- Drücken mit dem Daumen auf den Bereich des Daumenballens und den des kleinen Fingers (Abb. 64);
- Drücken und «Auspressen» auf den rückwärtigen und seitlichen Oberflächen mit der Handkante (Abb. 65);

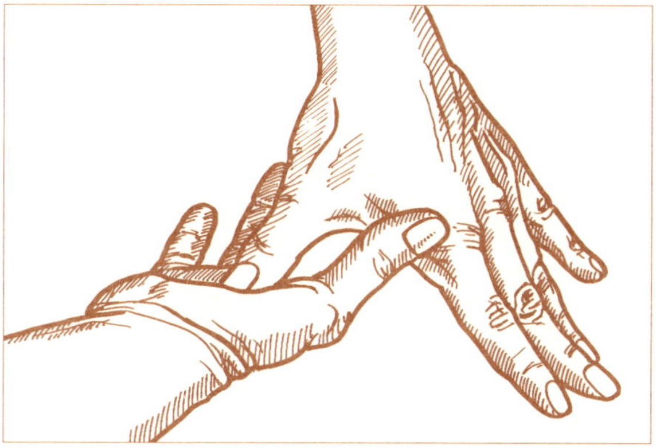

Abb. 64

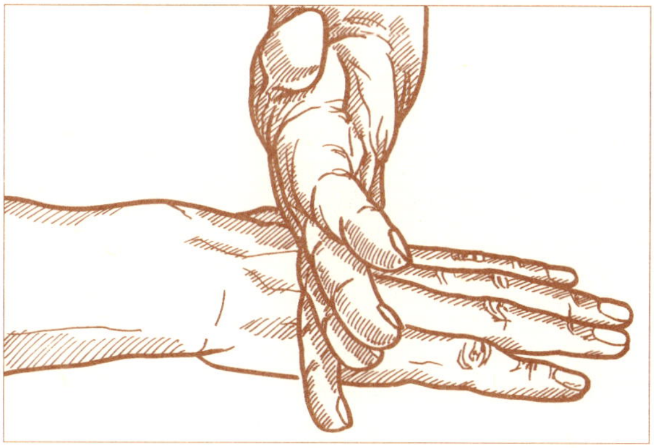

Abb. 65

- zangenartiges Kneten der seitlichen Oberflächen des Daumenballens und des Ballens des kleinen Fingers;
- Dehnung der Muskeln und Sehnen durch Ergreifen der Hand (Abb. 66) und jedes einzelnen Fingers (Abb. 67);

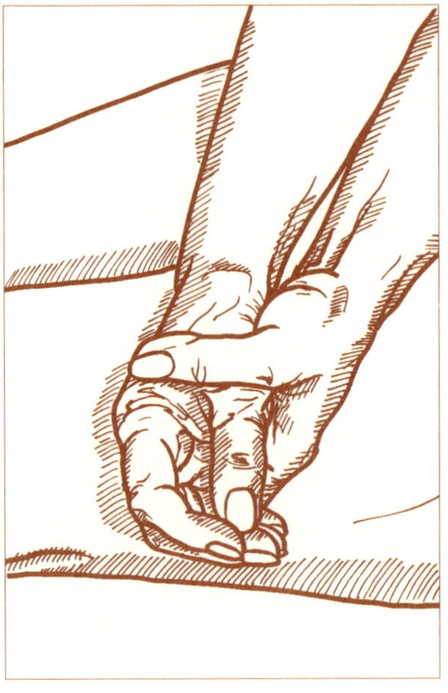

Abb. 66

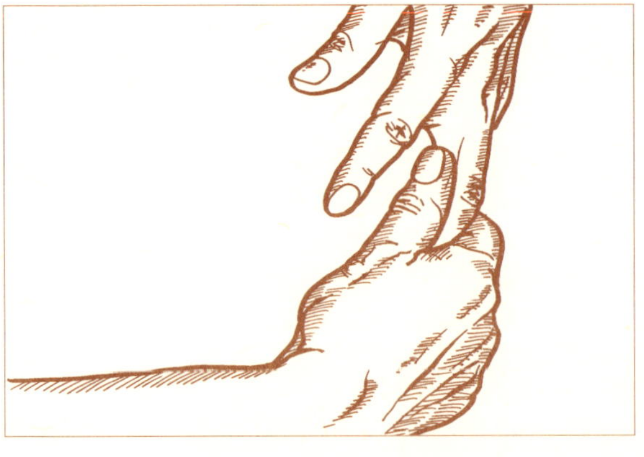

Abb. 67

– Zusammenschieben, Verschieben der Handknochen untereinander (Abb. 68);

Das Vibrieren:
– leichtes Klatschen, Klopfen, Hacken, Punktieren, Rütteln.

Diese Verfahren werden auf der Innenfläche des proximalen Handgelenks nicht durchgeführt.
– Das Verreiben, Kneten und Vibrieren wechseln sich mit leichtem flachem Streicheln von den Fingern zum Ellenbogengelenk ab.

Jedes der aufgezählten Verfahren wird 7–10 mal ausgeführt.
Dauer der Prozedur: 3–5 Minuten

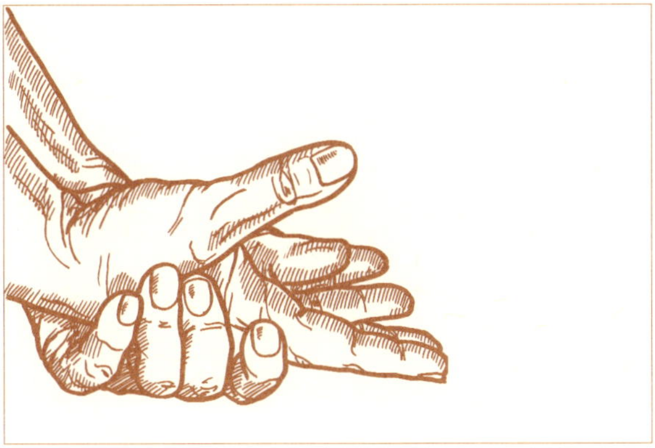

Abb. 68

Der Hals

Der Hals hat einen sehr komplizierten Aufbau der Knochen-Gelenk- und Muskel-Sehnen-Apparate. Seine flexible Basis sorgt für die bemerkenswerte Beweglichkeit des Kopfes. Im Halsbereich sind solch lebenswichtige Formationen verteilt wie Schilddrüse, wichtige Arterien und Venen, die wichtigsten Nervenstränge; Atemwege und Speiseröhre führen hindurch. Pathologische Veränderungen im Halsbereich können Schmerz und eine Verringerung der Armmuskelkraft, Bewegungseinschränkungen in den Schultergelenken hervorrufen, zur Verschlechterung der Blutzirkulation des Gehirns (Schwindel, Kopfschmerzen, schwankender Gang, Beeinträchtigung des Erinnerungsvermögens und Senkung der Leistungsfähigkeit) und zur Störung der Herzarbeit führen (Herzklopfen, Rhythmusstörungen u. ä.).
Bei dauernden Störungen des Halsmuskeltonus verändern sich die Wirbelzwischengelenke, was in vielen Fällen zu schweren neurologischen Störungen und bis zur Lähmung führt. Deshalb soll man schon in jungen Jahren, wenn die Muskeldisbalance noch reversibel und anatomisch nicht gefestigt ist, die Selbstmassage am Hals durchführen.
Wer sich um sein Äußeres sorgt, soll daran denken, daß die Haut der vorderen Halsoberfläche früher altert als die Haut anderer Zonen. Dies wird in entscheidendem Maß durch Schlafen auf hohen Kissen, Rauchen, einseitiger Ernährung und Bewegungsmangel – dauerndes Sitzen mit gesenktem Kopf – begünstigt. Durch die Selbstmassage kann man den Zustand der Haut im Halsbereich verbessern, einen guten Tonus des elastischen Unterhautmuskels aufrechterhalten und damit dem Hals eine vitale Beschaffenheit geben.
Man massiert den Hals im Sitzen oder Stehen, zuerst die hintere Oberfläche.

Das Streicheln:

- flaches und umgreifendes Streicheln der hinteren Oberfläche. Dazu wird die Hand fest auf den oberen Halsabschnitt auf die Grenze zum behaarten Kopfteil gelegt, und mit Bewegung nach unten und zur Achselhöhle hin wird zuerst flaches und dann tiefgehendes Streicheln durchgeführt (Abb. 69);

- flaches und umgreifendes Streicheln der seitlichen Halsoberflächen vom Ohr nach vorn und nach unten zum Bereich untrhalb des Schlüsselbeins;
- leichtes oberflächliches Streicheln der vorderen Halsbereiche vom Kinn zur Brust mit beiden Händen abwechselnd;
- Streicheln des Kinnbereichs von der Kinnmitte zu den Ohren mit den Handrücken (Abb. 70);
- Streicheln des Kinnbereichs mit den Fingerinnenflächen abwechselnd vom linken Ohr zum rechten und umgekehrt;
- Streicheln in schräger Richtung: vom linken Ohrbereich zur Ecke des linken Unterkiefers, dann zur Mitte und nach rechts hinunter zur rechten Achsel-

Abb. 69

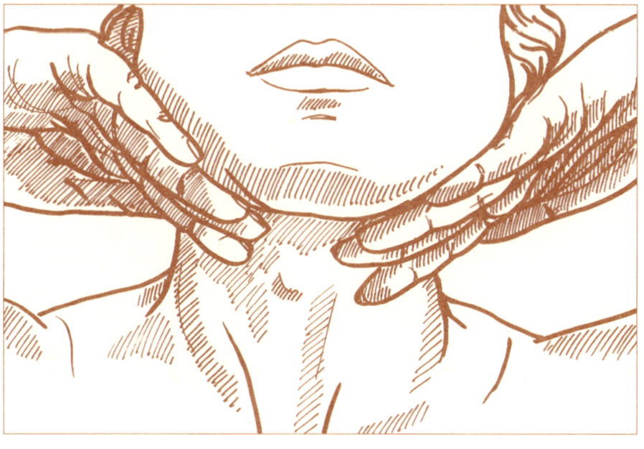

Abb. 70

höhle. Dies wird mit der linken Hand ausgeführt, und die rechte Hand stützt den Kopf von hinten, damit die Halsmuskeln maximal entspannt sind.

Dem Streicheln muß bei der Selbstmassage des Halses große Aufmerksamkeit geschenkt werden, weil dieses Verfahren die Haut und Unterhautgewebe positiv beeinflußt, indem es ihre Elastizität erhöht, was gleichbedeutend mit einer Verjüngung des Halses ist.

Das Verreiben:

- kreisförmiges Verreiben des Bereichs hinter den Ohren mit den Fingern; Reiben des Nackengleitbügels (Abb. 71), d. h. derjenigen Knochenvorsprünge, an denen die Halsmuskeln befestigt sind;
- zangenartiges Verreiben der Schlüsselbeine von der Brust zum Schultergelenk. Ausführung mit der gegenüberliegenden Hand;
- zangenartiges Verreiben der Kopfwendermuskeln vom Ohr zur Brust mit den Fingern der gegenüberliegenden Hand (Abb. 72);

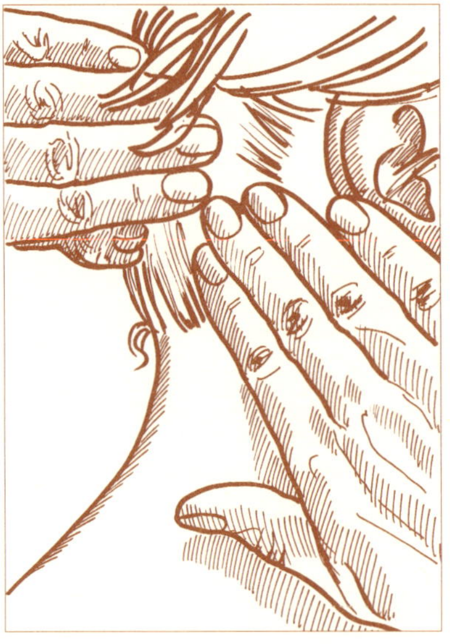

Abb. 71

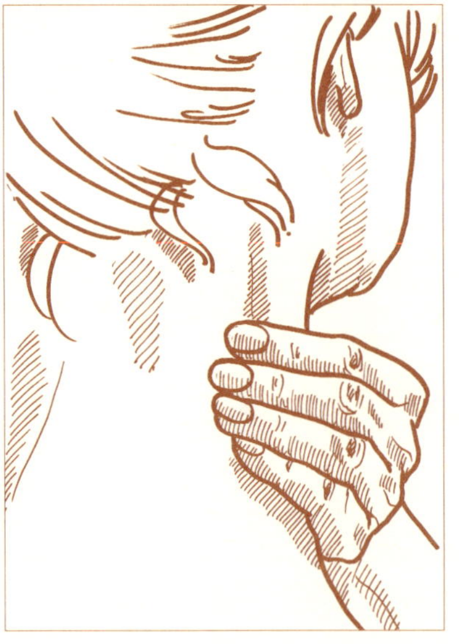

Abb. 72

- das Sägen der seitlichen Halsoberflächen mit der Handkante derselben Hand vom Haaransatz nach unten zum Schultergelenk. Die zweite Hand unterstützt den Kopf dabei von der Seite (Abb. 73);
- das Durchqueren der Halsmuskeln mit beiden Handkanten, die sich in entgegengesetzte Richtungen bewegen (Abb. 74);
- kreis- und strichförmiges Verreiben der Schlüsselbein-Brustbein- und der Schlüsselbein-Schulterblatt-Gelenkverbindung (der obere Teil des Schultergelenks) mit den Fingern der gegenüberliegenden Hand. Der Arm der zu massierenden Seite wird im Ellenbogen gebeugt und die Hand in die Taille gestellt.

Alle aufgezählten Spielarten des Streichelns und Verreibens werden 5–7mal ausgeführt.

Abb. 73

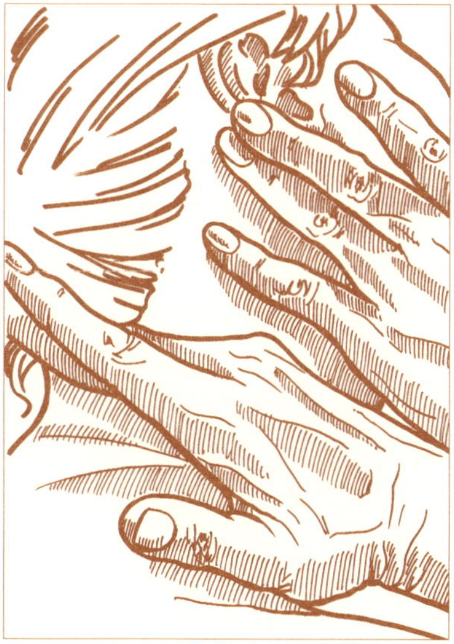

Abb. 74

Das Kneten wird hauptsächlich auf der hinteren Halsoberfläche ausgeführt, wo die Muskelschichten besonders entwickelt sind:

- S-förmiges Kneten (das Umfassen) der Muskeln mit zwei Händen der Reihe nach auf jeder Halsseite hinten;
- das Ausdrücken von oben nach unten zu den Schultern mit den Handkanten;
- zangenartiges Kneten des Kopfwendermuskels von oben nach unten zum Brust-Schlüsselbeingelenk;
- zartes kreisförmiges Kneten auf der vorderen Halsoberfläche mit dem Fingerkamm der Faust vom Zwischenraum der 2. und 3. Rippe nach oben zum Kinn und entlang des Kinnbereichs zum Ohr. Vom Ohr zur Schlüsselbeinzone dieser Seite fortfahren. Dies wird einige Male auf der ganzen Halsoberfläche ausgeführt. Die Haut wird nur geringfügig zusammengedrückt, und man sollte sich bemühen, sie nicht zusammenzuschieben. Auf die Zone, in der die Schilddrüse liegt (die tiefer gelegenen Abschnitte der vorderen Halsoberfläche), soll nicht eingewirkt werden.

Die Knetverfahren werden ca. 3–5mal auf jeder Seite ausgeführt.

Das Vibrieren:

- Hacken und Punktieren auf der rückwärtigen Halsoberfläche; auf der vorderen Halsoberfläche – leichtes Klatschen, Peitschen mit dem Handrücken.

Umgehen Sie die Schilddrüse!

Dauer der Prozedur: 3–5–7 Minuten.

Der Kopf

Der Gesichts- und der Gehirnabschnitt werden getrennt voneinander massiert. Die Massage des behaarten Kopfbereichs ist effektiv bei Kopfschmerzen, Schlaflosigkeit, verminderter Fähigkeit bei Denkarbeit und auch bei beginnendem Haarausfall.
Die Massage des Gesichtsbereichs bringt positive Resultate bei Verletzungen der Gesichtsnerven, attackenartigen Gesichtsschmerzen, «Verzerrungen» und ebenso bei Hautalterung, Operationsnarben, Verletzungen, Verbrennungen usw.

Der behaarte Teil des Kopfes

Die Selbstmassage am behaarten Teil des Kopfes hat ihre Besonderheiten, die auf eben der Behaarung ruhen, auf der Verwachsung der Haut mit den darunterliegenden Geweben. Manchmal, besonders bei Männern, ist die Sehnenkappe des Kopfes verdichtet, fest mit der Unterhaut verbunden und bewegt sich nur mit Mühe. In diesen Fällen verschlechtert sich die Blutversorgung der Haarwurzeln, was der Anfang zur fortschreitenden Kahlköpfigkeit sein kann.
Bei der Selbstmassage des behaarten Kopfteils muß man die Richtung der Hautlinien berücksichtigen, den Verlauf der Ausgangskanäle der Talgdrüsen und die Wuchsrichtung der Haare. Die Massagebewegungen werden vom Scheitel aus nach hinten zum Hals und seitwärts zu den Ohren ausgeführt, unabhängig davon, ob sich Haare auf dem Kopf befinden oder nicht.
Wenn Haare vorhanden sind, bewegen sich die Finger durch die Haarsträhnen hindurch, aber einige Verfahren werden auf der Haaroberfläche ausgeführt. Es ist möglich zu massieren, ohne das Haar in Strähnen zu teilen – mit der Hand auf dem Haar entlanggehen oder wie mit einer Harke das Haar «durchkämmen» (Methode 1) oder in Strähnen aufteilen (Methode 2).

Methode 1

Das Streicheln:

- oberflächliches und tiefgehendes – von der Stirn zum Nacken und vom Scheitel zu den Ohren, wird mit den Handinnenflächen ausgeführt;
- harkenartiges Streicheln mit gespreizten Fingern, mit einer oder mit beiden Händen abwechselnd – in die gleiche Richtung.

Das Verreiben:

- kreisförmiges Verreiben mit den Fingerkuppen der ganzen behaarten Kopffläche von der Stirn zum Nacken, vom Scheitel zu den Ohren. Dabei sollen die Finger kammartig gespreizt sein;
- strichförmiges Verreiben auf der Haarwuchsgrenze über den ganzen Kopfkranz;
- quer- und längsgerichtetes Verreiben der Stirn, des Nackens und des Ohrenbereichs mit den Fingern.

Das Kneten:

- fortlaufendes Drücken mit den Handballen oder mit den Fingerkuppen der gespreizten und vertikal gestellten Finger von der Stirn zum Nacken und vom Scheitel zu den Ohren;
- spiralförmiges Verreiben mit den Kuppen von 2–3 Fingern von der Stirnmitte hin zur Schläfe (s. Gesicht);
- kreisförmiges Verreiben der oberen Gebiete auf beiden Seiten gleichzeitig mit den Kuppen der gespreizten und vertikal gestellten Finger (ebd.);
- kreisförmiges Verreiben im Bereich hinter den Ohren mit 2–3–4 Fingern auf beiden Seiten gleichzeitig;
- das Zusammendrücken des Kopfes von den Seiten: die linke Hand drückt gegen die linke Kopfhälfte, die rechte gegen die rechte Kopfhälfte;
- das Zusammenschieben der weichen Schädelgewebe in verschiedene Richtungen. Wird mit geöffneten Fingern mit beiden Händen gleichzeitig ausgeführt;
- tiefgehendes Streicheln mit den Ballen beider Hände gleichzeitig auf zwei

Seiten auf dem Bogen um das Ohr von den Schläfen aus zu der Ecke des Unterkiefers.

Das Vibrieren:

- das Punktieren auf dem ganzen behaarten Kopfbereich mit den Fingern; Schlagen mit den Fingern von der Stirn zum Nacken und vom Scheitel zu den Ohren mit einer Hand oder mit beiden Händen abwechselnd. Das Verfahren darf keine unangenehmen Empfindungen hervorrufen.

Methode 2

Bei dieser Methode werden alle Verfahren nacheinander (vom Streicheln zur Vibration) auf jedem einzelnen Scheitel unabhängig von der Dichte des Haars ausgeführt. Ein Scheitel befindet sich in einer Entfernung von 2–3 cm vom anderen. Zuerst werden die Scheitel von vorn nach hinten (von der Stirn zum Nacken) massiert und dann quer (von einem Ohr zum anderen).

Das Streicheln:

- entlang des Scheitels mit den Fingerkuppen. Die Druckstärke variiert, das oberflächliche Streicheln wird vom tiefgehenden abgewechselt. Die Hände bewegen sich parallel oder aufeinander folgend, abwechselnd oder gleichzeitig.

Das Verreiben:

- mit 2–3 Fingerkuppen einer Hand entlang des Scheitels, gleichzeitig fixieren die Finger der zweiten Hand die Haut, um ihre Verschiebung zu behindern. Das Verreiben wird spiralförmig und zickzackförmig ausgeführt.

Das Kneten:

- auf dem Wege stockenden Drückens mit den Fingerkuppen – Zusammenschieben und Dehnen der Haarscheitel in verschiedene Richtungen.

Das Vibrieren:
- Punktieren mit 2–3 Fingern.

Jedes Massageverfahren der ersten oder zweiten Methode wird 3 bis 5mal angewendet. Dauer der Prozedur 10–15 Minuten.

Die zweite Methode der Selbstmassage ist arbeitsaufwendiger, technisch komplizierter und braucht mehr Zeit (15–20 Minuten). Deshalb ist sie denjenigen zu empfehlen, die die Selbstmassage schon gut beherrschen. Überzeugende Daten unterschiedlicher Effektivität bei der ersten und zweiten Methode gibt es nicht. Nur bei dickem und langem Haar ist die zweite Methode die geeignetere.

Das Gesicht

Die Gesichtshaut neigt am meisten zur Alterung. Bei einigen lassen sich schon in jungem Alter die Vorzeichen zukünftiger Falten erkennen. Auch verliert die mimische Muskulatur ihre Elastizität früher als die anderen Muskeln des Körpers.

Mit dem Ziel, die Beschaffenheit der Haut zu verbessern, benutzen viele Männer nach der Rasur Spezialcremes, Frauen verwenden reinigende, nährende und schützende Cremes und Lotions für das Gesicht, die sie in die Haut einmassieren.

Die Selbstmassage nimmt unter den Möglichkeiten, den Alterungsprozeß der Gesichtshaut zu verlangsamen, eine wichtige Stellung ein. Außerdem erhöht sich die Effektivität kosmetischer Mittel um ein Vielfaches, wenn man sie mittels der speziellen Massageverfahren auf die Haut aufträgt. Deshalb empfehlen wir, mit der regelmäßigen Anwendung der Selbstmassage nicht zu warten, bis die Falten im Gesicht besonders zu bemerken sind.

Die Technik der Selbstmassage des Gesichts hat einige Besonderheiten, die in dessen anatomischem Aufbau begründet liegen. Die mimischen Muskeln sind mit einem Ende an der Knochenschale befestigt, mit dem anderen sind sie in das Gewebe der Haut eingeflochten (während alle anderen Muskeln des Körpers im wesentlichen an den Knochen befestigt sind). Deshalb ist es schwierig, im Gesicht auf Haut und Muskeln getrennt einzuwirken. Wenn wir auf den Gliedmaßen und dem Rumpf durch Streicheln und Verreiben im wesentlichen die Haut massieren und mit dem Kneten die Muskeln, so erweist sich diese Aufteilung am Gesicht als relativ.

Die Gesichtshaut verschiebt sich leicht, besonders bei Menschen mittleren und höheren Alters. Dies muß bei der Ausführung der Verfahren auf dem Gesicht unbedingt beachtet werden, und man sollte sich bemühen, die Haut nicht zu massiv zu verschieben und nicht zu stark zu dehnen, weil sie sich nur bei jungen Menschen wieder zum Ausgangszustand zusammenzieht. Außerdem ist es wichtig, die Massagebewegungen entsprechend der Linien durchzuführen, die mit der Richtung der geringfügigsten Dehnbarkeit der Haut übereinstimmen. Diese Linien fallen nicht immer mit der Richtung der Fasern der mimischen Muskulatur des Gesichts und der wegführenden Gefäße zusammen. Um diese Inkongruenz zu beseitigen und um beste Resultate zu erzielen, sollte man einige Verfahren mit einer Hand ausführen und mit der anderen den zu massierenden Bereich des Gesichts fixieren, damit die Haut so wenig wie möglich gedehnt und nicht zusammengeschoben wird.

Die Anwendung wird vor dem Spiegel sitzend durchgeführt. Wünschenswert ist eine Stütze von hinten für den Rücken und den Kopf.

Vor der Ausführung der Massageverfahren soll die Haut mit Kosmetiköl, Lotion oder Reinigungsmilch gesäubert, kurz eine heiße Kompresse gemacht und Creme auf die Haut aufgetragen werden.

Die Technik, eine Kompresse anzuwenden, ist sehr einfach: Ein weiches Frotteehandtuch wird in heißem – 40–50° C – Wasser angefeuchtet, kräftig ausgewrungen und für 10–15 Sekunden auf das Gesicht gelegt, wobei man die Atemwege freiläßt.

Die Selbstmassage beginnt im Stirnbereich und bewegt sich dann hinunter zu folgenden Bereichen: Augenhöhlen, Nase, Wangen, Kinn, Lippen. Jedes Verfahren wird in jeder Zone 3–5mal wiederholt.

Die Stirn

Das Streicheln:

- flaches Streicheln mit den Fingerinnenflächen von der Stirnmitte aus zu den Schläfen. Die Stellung der Finger bezüglich der Massagelinien ist längs- und quergerichtet;
- Streicheln mit 2–3–4 Fingerkuppen von der Nasenwurzel und den Augenbrauen nach oben und seitwärts zum behaarten Teil des Kopfes;
- mit den Handballen gleichzeitiges Streicheln von zwei Seiten aus in horizontaler Richtung von den Augen über die Ohren und um die Ohren herum hinab zum Hals.

Das Verreiben:

- Schraffieren mit 2–3 Fingerspitzen von der Stirn zu den Schläfen. Wenn sich die Haut leicht verschiebt, so fixiert man die Stirnmitte mit der Hand und führt die Massagebewegungen mit der anderen Hand aus. Die andere Stirnhälfte wird dann auf die gleiche Weise massiert;
- das Durchqueren – die Finger beider Hände werden einander gegenüber in der Stirnmitte aufgestellt, führen durchquerende Bewegungen von der Stirnmitte zur rechten Schläfe aus, danach ebensolche Bewegungen von der Stirnmitte zur linken Schläfe. 3–4mal in jede Richtung.

Das Kneten:

- Drücken mit der Innenfläche von 2–3–4 Fingern von den Augenbrauen in Richtung des behaarten Teils des Kopfes und von der Stirnmitte zu den Schläfen. Die Anwendung erfolgt entweder mit beiden Händen gleichzeitig (jede Hand auf ihrer Seite) oder der Reihe nach mit jeder Hand auf der gegenüberliegenden Seite. Das Drücken erfolgt mit Pausen in gleichen Zeitabschnitten (0,5 Sekunden drücken, 0,5 Sekunden Pause).

Das Vibrieren:

- leichtes Klatschen mit 2–3–4 Fingerinnenseiten;
- Punktieren (die Bewegung der Finger erinnert an das Maschineschreiben) mit

einer Geschwindigkeit von 100–120 Schlägen in der Minute. Die Dauer der Verfahrensanwendung im Bereich der Stirn beträgt 2–3 Minuten.

Die Augenhöhlen

Jedes der Verfahren wird gleichzeitig von beiden Seiten aus durchgeführt, wenn die Haut eine gute Elastizität hat. Bei verringerter Hautelastizität wird jede Seite nacheinander massiert. In diesem Fall werden die weichen Gewebe der Augenhöhle von 2–3 Fingern der gleichseitigen Hand fixiert und die gegenüberliegende Hand führt die Massage durch.

Das Streicheln:

- kreisförmiges Streicheln mit 2–3 Fingerkuppen von der Schläfe zur Nase unter dem Auge entlang, von der Nase zur Schläfe – über dem Auge.

Das Verreiben:

- zirkuläres und spiralförmiges, wird mit der Innenfläche zweier Finger ausgeführt. Empfiehlt sich nur bei guter Gewebeelastizität.

Das Kneten:

- stockendes Drücken mit der zweiten Fingerkuppe über dem Auge, während sie sich von dem äußeren Rand zum inneren bewegt, und unter dem Auge, während sie sich vom inneren Rand zum äußeren bewegt. Dieses Verfahren kann auch in der Variante des zangenartigen Knetens angewendet werden: 1 Finger wird über der Augenbraue aufgestellt, der zweite und dritte – unter der Augenbraue; stockendes Drücken von der Nasenwurzel zu den Schläfen, danach von den Schläfen über den unteren Rand der Augenhöhle zur Nasenwurzel.

Das Vibrieren:

- Punktieren mit zwei Fingern oder mit 2–3–4 Fingern nacheinander (wie auf der Schreibmaschine). 10–15 Sekunden.

Die Nase

Die Daumen beider Hände werden unter dem Kinn plaziert. Mit den zweiten und dritten Fingern durchzuführen:

Das Streicheln:
- oberflächliches und tiefgehendes von der Nasenwurzel nach unten über die vordere und die seitlichen Oberflächen.

Das Verreiben:
- der Nasenspitze und der seitlichen Oberflächen. Die Nase wird 1–1,5 Minuten massiert.

Die Wangen

Die Selbstmassage der Wangen wird mit zwei Händen gleichzeitig von der Nase und der mittleren Mundlinie aus zu den Ohren ausgeführt.

Das Streicheln:
- flaches Streicheln mit der Innenfläche von 2–3–4 geschlossenen Fingern;
- «Bügeln» mit den Fingerrücken, Streicheln mit gespreizten Fingern.

Das Verreiben:
- kreisförmiges – wird ausgeführt mit 2–5 Fingerinnenflächen oder -rücken auf der ganzen Wangenoberfläche. 5–7 Anwendungen.

Das Vibrieren:
- leichtes Klatschen, Klopfen mit 2–5 Fingerinnenflächen und Fingerrücken. Die Wangen werden 2,5–3 Minuten massiert.

Die Lippen und das Kinn

Das Streicheln:
- flaches Streicheln mit 2–5 Fingerinnenflächen von den Nasenflügeln und der Lippenmitte aus zu den Ohren und dem Bereich hinter den Ohren.

Das Verreiben:

- mit 2–3–4 Fingerkuppen reibt mam kreisförmig, spiralförmig und mittels Schraffierung um den Mund herum und am Kinnbereich. Die verschiedenen Spielarten des Verreibens wechseln sich mit dem Streicheln mit einer Hand oder der Reihe nach mit beiden Händen ab.

Das Kneten:

- Drücken mit der Fingerinnenfläche oder mit dem Kamm der zur Faust gebogenen Hand. Die Ausführung erfolgt mit einer Hand oder mit beiden Händen gleichzeitig von zwei Seiten. Das Drücken (10–15mal) nacheinander in einem Abstand von 2–3 cm;
- zangenartiges Verreiben des Kinns mit einem und zwei Fingern einer Hand oder zwei Händen gleichzeitig, in einem Abstand von 2 cm. 10–15 Bewegungen;
- das «Auszupfen» der Falte der Nasen-Lippenfurche und der Falte vom Mundwinkel zum Kinn: mit einem und zwei Fingern ergreift man die Hautoberfläche der Querfalte, drückt sie zusammen und läßt sie los. Der Abstand zwischen den Kniffen beträgt 1–2 cm. Die Kneifrichtung verläuft von unten nach oben. Man geht 2–3mal über jede Falte und bemüht sich dabei, jedesmal ein Stückchen zu kneifen, das sich zuvor bei den umgangenen Bereichen befand. Dieses Verfahren wird an Falten in jedem beliebigen Teil des Gesichts durchgeführt;
- das Kneten des Gewebes der Ober- und Unterlippe, der Wangen erfolgt durch das Ergreifen und Zusammendrücken des Gewebes mit dem Daumen von der Seite der Mundhöhle und mit 2–3–4 Fingern von der Seite der Gesichtsoberfläche aus. Eingewirkt wird auf alle für dieses Verfahren erreichbaren Zonen, 12-15-20mal. Die Abstände zwischen den Knetabschnitten betragen 2–3 cm.

Alle Knetverfahren wechseln sich mit oberflächlichem Streicheln von der Gesichtsmitte zu den Ohren und vom Mund zum Kinn und zum unteren Halsbereich ab.

Das Vibrieren:
- leichtes Klatschen mit den Fingerinnenflächen oder den Fingerrücken;
- Punktieren mit den Fingerspitzen – gleichzeitig oder nacheinander auf beiden Seiten.

Die allgemeine Dauer der Gesichtsselbstmassage beträgt von 5–6 bis 10–15 Minuten.
- Wenn es im Gesichtsbereich Erkrankungen oder Verhärtungen gibt, so sollte das Kneten sehr zart ausgeführt werden, mit wenig Kraft und kurz, weil energisches Kneten Kopfschmerzen hervorrufen kann.

Die prophylaktische Selbstmassage des Gesichts kann in einer vereinfachten Variante durchgeführt werden, indem man jedes Verfahren der Reihe nach auf der ganzen Gesichtsoberfläche auf folgende Weise ausführt:
- Oberflächliches Streicheln mit den Fingerrücken oder den -innenflächen, dem Handballen von den Augenbrauen aus nach oben zum behaarten Teil des Kopfes, von der Stirnmitte zu den Schläfen, vom äußeren Augenrand zum oberen Ohrbereich, von den Nasenflügeln und Mundwinkeln zu den Ohrläppchen, von der Kinnmitte zum Bereich unterhalb der Ohren.
- Tiefgehendes Streicheln im Bereich der Hautfalten entsprechend ihrem Verlauf von unten nach oben. Streicheln der Augenringmuskeln.
- Stockendes Drücken auf alle Gesichtsoberflächen von der Gesichtsmittellinie aus zu den Ohren, indem man im Stirnbereich beginnt und auf dem Kinn endet.
- Das «Auszupfen» der Falten. Leichtes Klatschen, Klopfen, Peitschen, Punktieren. Wird mit flachem und vibrierendem Streicheln auf den Massagelinien beendet.

Diese Selbstmassage dauert 5–7 Minuten. Speziell zu empfehlen ist diese Methode, wenn auf das Gesicht und den Hals nährende Creme aufgetragen wird. Die Selbstmassage des Gesichts und die des vorderen Halsbereichs werden nicht selten in einer gemeinsamen Anwendung durchgeführt, und dann beträgt ihre Dauer in der vereinfachten Variante 7–10 Minuten.

Die Ganzkörper-Selbstmassage

Die Ganzkörper-Selbstmassage führen nur diejenigen durch, die sich die Massagetechnik einzelner Körperteile schon angeeignet haben. Man erinnere sich daran, daß diese Prozedur bedeutende physische Anstrengung erfordert. Deshalb muß jeder seine Kräfte richtig einschätzen. Aber diejenigen, die diese Selbstmassage durchführen, werden sich davon überzeugen können, daß sie hohe Leistungsfähigkeit über den ganzen Tag hinweg gewährleistet und am Ende ihrer Anwendung jegliche Ermüdung völlig beseitigt hat. Eine 2–3malige Durchführung in der Woche während 1,5–2 Monaten gewährleistet die Widerstandsfähigkeit des Organismus gegen nervlich-psychische Überbelastung, erhöht die allgemeine und berufsbezogene Arbeitsfähigkeit, verbessert die Gesundheit und das Aussehen.
Die Anwendung wird in dieser Reihenfolge durchgeführt: vom Kopf und Hals über Arme, Brust und Bauch zu den Beinen und zum Becken (Abb. 75, 76). Die Richtung der Massagebewegungen verläuft von der Peripherie des Rumpfes aus zum Zentrum. Sie wird im Stehen, Sitzen oder Liegen ausgeführt. Die Massage einzelner Rumpfabschnitte wird mit dem Streicheln begonnen und beendet. Zu allen anderen Verfahren wird mit dem Streicheln gewechselt.
Der Kopf (Zone 1): stehend oder sitzend – flaches Streicheln von der Stirn zum Nacken und den Schläfen (ohne das Haar in Strähnen aufzuteilen); harkenartiges und kreisförmiges Verreiben und stockendes Drücken auf der ganzen Oberfläche mit den Fingern; das Zusammenschieben der weichen Gewebe in unterschiedliche Richtungen; Klopfen mit den Fingern; gleichzeitiges tiefgehendes Streicheln mit dem Handballen auf zwei Seiten von den Schläfen bogenförmig über den Ohren entlang zu den oberen Seitenbereichen des Halses und zum Unterkiefer; oberflächliches Streicheln von der Stirn zum Nacken.
Der Hals (Zone 2): umgreifendes Streicheln der hinteren und dann der vorderen Oberfläche; kreisförmiges Verreiben des Bereichs hinter den Ohren und des Nackenhöckers; Verreiben entlang des Schlüsselbeins von der Brust zum Schultergelenk; Kneten der Muskeln der hinteren Oberfläche mit stockendem Zusammendrücken und S-förmigem Umfassen; zangenartiges Kneten der Kopf-

wendermuskeln auf jeder Seite nacheinander, dabei ist der Kopf gedreht und leicht zur gegenüberliegenden Seite geneigt; leichtes Klatschen mit der Fingerinnen- und Fingerrückseite über die hintere und seitliche Oberfläche des Halses; umgreifendes Streicheln.

Die Arme (Zone 3): nacheinander das Streicheln (mit der rechten Hand auf dem linken Arm, mit der linken – auf dem rechten) auf den äußeren und inneren Armoberflächen ausführen, von den Fingerspitzen zu den Schultergelenken. Danach werden alle übrigen Verfahren auf den einzelnen Segmenten angewendet: Hände, Unterarme, Ellenbogengelenk und Oberarme einschließlich der Schultergelenke (s. Kap. 2: Die Selbstmassage einzelner Körperabschnitte).

Der Brustkasten (Zone 4): flaches Streicheln der vorderen und seitlichen Bereiche vom Brustbein zu den Achselhöhlen und von der Gürtellinie nach oben; Verreiben der Rippenzwischenräume vom Brustbein zu den seitlichen Bereichen; Kneten der Brustmuskeln durch Ausdrücken und durch stockendes Drücken; leichtes Klatschen von der Gürtellinie zu den Achselknoten; Streicheln.

Der Rücken (Zone 5): Streicheln und Verreiben von der Gürtellinie aus hinunter und zur Seite, vor zum Leistenbereich und hinauf zu den Achselhöhlen; zangenartiges längsgerichtetes Kneten der Rückenmuskeln von unten nach oben – nacheinander auf jeder Seite; zangenartiges stockendes Kneten der Muskeln neben der Wirbelsäule von unten nach oben, gleichzeitig oder nacheinander jede Hand auf ihrer Seite; leichtes Klatschen, Klopfen, Streicheln.

Der Bauch (Zone 6): auf dem Rücken liegend, die Knie halb gebeugt und nach außen geneigt. Kreisförmiges Streicheln der gesamten Bauchoberfläche um den Nabel herum; Streicheln von der Gürtellinie aus mit zwei Händen gleichzeitig, deren Bewegungen nach oben zum Achselbereich und hinunter zum Leistenbereich auseinanderfließen; Verreiben durch Sägen der ganzen Bauchoberfläche; strichförmiges Verreiben der Rippenbögen vom Brustbein aus zu den seitlichen Bereichen; strichförmiges Verreiben der Bauchmuskeln von oben nach unten; Zusammenschieben der geraden Bauchmuskeln nacheinander nach rechts und links auf jeder Seite; stockendes Drücken und zangenartiges Kneten der schrägen (seitlichen) Bauchmuskeln von den seitlichen oberen Bereichen aus nach unten zum Zentrum des Schamhügels nacheinander auf jeder Seite; leich-

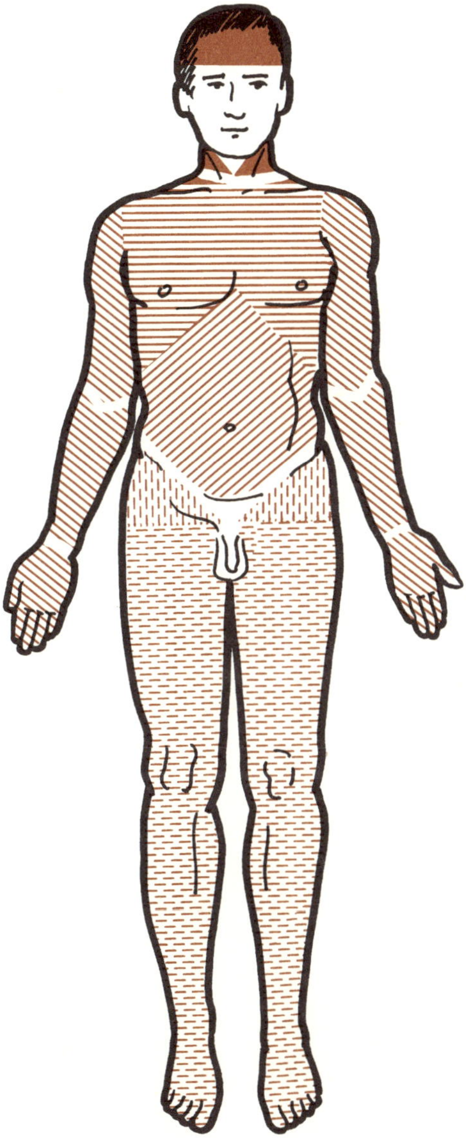

Abb. 75

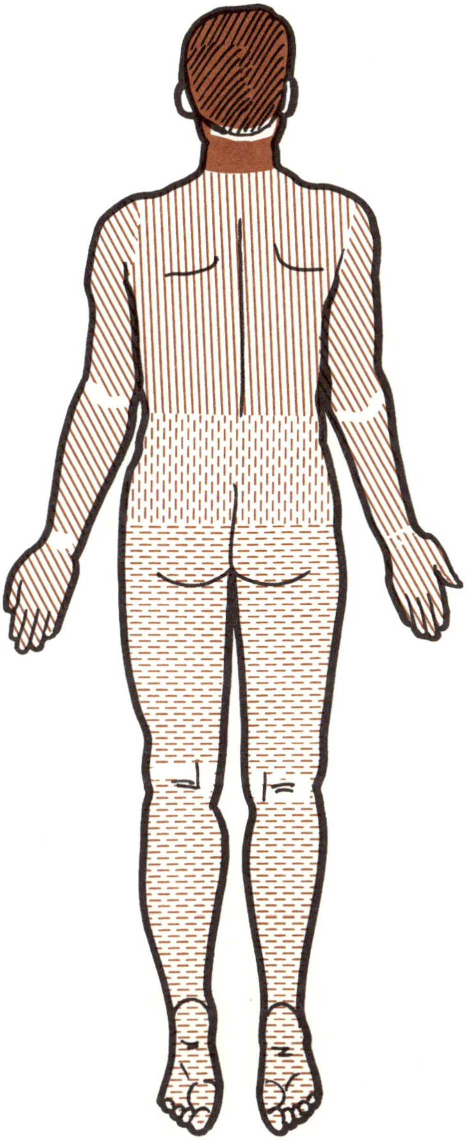

Abb. 76

tes Klatschen auf der ganzen Oberfläche; vibrierendes Streicheln; oberflächliches beruhigendes Streicheln.

Die Beine (Zone 7): allgemeines Streicheln von den Zehenspitzen zum Becken des einen und danach des anderen Beins. Dann wird die Massage an jedem Bein auf den einzelnen Segmenten vom Fuß zum Becken durchgeführt (s. Kap. 2).

Das Becken (Zone 8): flaches Streicheln vom Kreuzbein zum Leistenbereich jede Hand auf ihrer Seite gleichzeitig; kreisförmiges Verreiben des Kreuzbeins, der Gesäßmuskeln, der Hüftgelenke mit den Fingern, der Handfläche, der Faust; strichförmiges Verreiben des Hüftknochenkamms; fortlaufende Vibration der Gesäßmuskeln durch die Handballen; einander abwechselndes leichtes Klatschen mit der Hand und Klopfen mit der Faust; vibrierendes und beruhigendes flaches Streicheln. Die Prozedur wird mit dem Rütteln der Beine nacheinander beendet.

Die Dauer der allgemeinen Selbstmassage hängt von der Zahl der Wiederholungen jedes Verfahrens ab und beträgt von 10–20 bis zu 30–45 Minuten. Bei der kurzdauernden Behandlung werden die Verfahrensspielarten ausgeschlossen.

Kapitel 3

Die Selbstmassage bei verschiedenen Erkrankungen

In diesem Kapitel sind alle Verfahren ausgeschlossen, die bei ungeschickter Anwendung den Verlauf einer Erkrankung negativ beeinflussen könnten. Als Resultat der sorgfältigen Auswahl wird eine Methode dargelegt, die absolut unbedenklich ist und eine ausgesprochen positive Wirkung hat.

Der Behandlungseffekt der Selbstmassage hängt nicht nur von der genauen Ausführung der Verfahren ab, sondern auch von der richtigen Auswahl der Zonen, auf die eingewirkt werden soll. Es ist bekannt, daß sich bei vielen Erkrankungen die Veränderungen nicht nur im erkrankten Organ entwickeln, sondern auch in bestimmten entlegenen Zonen, die mit dem erkrankten Organ durch Blut- und Nervengefäße verbunden sind. Diese Bereiche werden *reflexogene Zonen* genannt.

In den reflexogenen Zonen verändern sich bei verschiedenen Erkrankungen auch die Farbe und die Dicke der Haut, in den Geweben können in unterschiedlicher Tiefe krankhafte Verdichtungen auftreten. Diese Veränderungen ereignen sich sowohl in unmittelbarer Nähe als auch in weiterer Entfernung des betroffenen Organs. Bei Herzerkrankungen zum Beispiel zeigen sich die Hautveränderungen links auf dem Hals und im Bereich der unteren Rippenbögen und die Verdichtungen der tieferen Gewebe – im Bereich des Kreuzbeins und beidseitig auf den unteren Abschnitten der Wirbelsäule.

Die Beziehung zwischen dem erkrankten Organ und der reflexogenen Zone ist zweiseitig. Das bedeutet, daß nicht nur das kranke Organ auf den Zustand der weit von ihm entfernt liegenden Gewebe einwirkt, sondern umgekehrt kann auch von der betroffenen Zone aus auf das kranke Organ durch verschiedene physische Einflüsse einschließlich der Massage eingewirkt werden.

Deshalb ist die Behandlung der reflexogenen Zonen ein wichtiger Bereich der Anwendung. Man sollte diejenigen Körperteile, die mit lebenswichtigen Systemen verbunden sind, nur dann massieren, wenn man die notwendige Routine in der Ausführung der Massageverfahren erworben hat. Es ist unbedingt erforderlich, die Muster der Verfahren genau auszuführen und die korrekte Bewegungsrichtung der massierenden Hände einzuhalten. Ebenso wichtig ist es, die Druckkraft dosieren zu können, weil wir bei unterschiedlicher Druckkraft auf die Rezeptorfelder einwirken, die in verschiedenen Tiefen verteilt sind. Bei oberflächlichem Streicheln übertragen wir Reize auf die Oberflächenschichten der Haut, bei tiefgehendem auf die tiefer gelegenen Hautschichten und auf die Unterhautzellulose. Mit dem Verreiben und Kneten wirken wir unmittelbar auf die Muskeln, Sehnen, Bänder, Knochenhaut ein.
Wenn Muskeln, Sehnen und Bänder verkürzt sind, so wendet man die längsgerichtete Dehnung an. Bei Verdichtungserscheinungen der Knoten in den tiefer gelegenen Geweben werden diese Abschnitte gerieben, in verschiedene Richtungen auseinandergezogen und -geschoben, aber eher entsprechend dem Verlauf der Bindegewebsfasern. Die Vibrationsverfahren werden für die Einwirkung auf die tiefsten Schichten angewendet.
Bei den verschiedenen Erkrankungen werden die Massageverfahren im Bereich des pathologischen Zentrums und auf den reflexogenen Zonen ausgeführt. Die wichtigsten der Zonen sind die Teile des Körpers, die unmittelbar an der Wirbelsäule auf beiden Seiten liegen, die hinteren und seitlichen Halsoberflächen, der Lenden-Kreuzbeinbereich.
In den Zonen um die Wirbelsäule werden alle Basisverfahren in gewöhnlicher Reihenfolge und Dosierung ausgeführt, vom Kreuzbein unten hinauf zum Bereich oberhalb des Schulterblatts und von der Wirbelsäule zu den Seiten. Danach wird der Hals von oben nach unten massiert. Die unteren Rückenbereiche kann man gleichzeitig und symmetrisch mit zwei Händen massieren, die mittleren Bereiche, speziell den Bereich zwischen den Schulterblättern und die oberen Abschnitte, mit der gegenüberliegenden Hand, was angenehmer ist.
Das Streicheln, anfangs oberflächlich, dann tiefgehend, wird mit der Handfläche oder dem Handrücken ausgeführt, vom Kreuzbein aus mit der Hand-

kante, indem sie sich nach und nach hinauf zu den Achselhöhlen bewegt. Das Verreiben wird längs- und quergerichtet durchgeführt: Schraffieren, kammartiges Sägen, Bügeln.

Die Muskeln in Wirbelsäulennähe werden geknetet, indem man sie stockend zusammendrückt, schlägt, auseinanderzieht und komprimiert.

Das Vibrieren – Schlagen und leichtes Klatschen mit der Handfläche, Klopfen mit der Faust, leichtes Klopfen mit den Fingerspitzen. Alle Verreibe- und Knetverfahren werden durch das Streicheln voneinander abgewechselt.

Nach der Ausführung der Verfahren im Bereich des Kreuzbeins, der Lenden und des Rückens massiert man den Hals, die Kappenmuskeln zwischen Schulterblättern und Hals und dann die Kopfwendermuskeln der seitlichen Oberflächen des Halses folgendermaßen:

umgreifendes Streicheln der Kappenmuskeln nacheinander mit jeder Hand auf der gegenüberliegenden Seite (auch gleichzeitig mit zwei Händen möglich). Dabei geht das umgreifende oberflächliche Streicheln der oberen seitlichen Abschnitte über in ein tiefgehendes der unteren Abschnitte mit der Handkante.

Das Verreiben und Kneten lassen sich besser nacheinander auf jeder Halshälfte durchführen.

Das Verreiben – mit der Handkante von der Haargrenze des Kopfes zum Schultergelenk.

Das Kneten nach der Methode des stockenden Drückens mit 2–3–4–5 Fingern, indem man am behaarten Teil des Kopfes beginnt und im Bereich oberhalb des Schlüsselbeins endet. Zangenartiges Kneten mit den Fingern vom behaarten Teil des Kopfes aus bis einschließlich des Bereichs oberhalb des Schlüsselbeins.

Vibrierendes Streicheln mit der Innenfläche der gegenüberliegenden Hand. Leichtes Klatschen und Klopfen mit den Fingerspitzen nacheinander oder gleichzeitig mit beiden Händen, jede Hand auf ihrer Seite.

Zangenartiges Streicheln über dem Gebiet der Kopfwendermuskeln, Verreiben dieser Muskeln mit dem Kamm der zur Faust gebogenen Finger, zangenartiges Kneten von oben nach unten, Klopfen mit den Fingern vom Ohr zum Brustbein. Alle Verfahren werden durch leichtes Streicheln voneinander abgelöst.

Hauterkrankungen

Die Haut ist das wichtigste Organ unseres Körpers. Sie schützt den Organismus vor schädlichen äußeren Einflüssen, spielt eine wichtige Rolle im Stoffwechsel (Produktion des D-Vitamins) und in der Erzeugung von Schutzreaktionen des Organismus (Immunität). Die Unterhautzellulose, gemäßigt entwickelt, bewahrt den Organismus vor übermäßiger Auskühlung, Überhitzung, Traumata.
Die Gesundheit und das Aussehen eines Menschen hängen in hohem Maße von dem Zustand der Haut und der Unterhautzellulose ab. Erkrankungen und Alterung verringern ihre schützenden und ästhetischen Eigenschaften. Mit Hilfe der Selbstmassage kann man den ungünstigen Einflüssen der Krankheit und der Zeit vorbeugen oder sie verringern. Man muß wissen, daß bei verschiedenen Erkrankungen der Haut und der Haare die Selbstmassage ihre Besonderheiten hat.

Vorzeitiger Haarausfall, trockenes oder fettiges Haar, Schuppen

Kräftiges Haar ist nicht immer ein Geschenk der Natur. In vielen Fällen ist schönes Haar das Resultat der Bemühungen des Menschen und vor allem – das Resultat der Selbstmassage. Die Effektivität der Prozedur ist abhängig von ihrem positiven Einfluß auf den Zustand der nervlich-psychischen Sphäre, der endokrinischen Systeme und auf die örtliche Blutzirkulation und die Austauschprozesse in den Haarwurzeln.
In der Regel fällt das Haar nicht sofort aus. Normalerweise verliert ein Mensch innerhalb eines Tages 100–120 Haare. Bei dieser Menge werden die Haare nach und nach durch neue ersetzt und ihre Gesamtzahl auf dem Kopf bleibt erhalten. Wenn täglich mehr als 120 Haare ausfallen, werden sie allmählich spärlicher. Wichtig ist, dies rechtzeitig zu erkennen und mit den Anwendungen so früh wie möglich zu beginnen. Das ist die grundlegende Bedingung für den Erfolg.
Die Massageverfahren sollen auf folgenden Zonen ausgeführt werden: Hals, Stirn, Schläfen, am behaarten Teil des Kopfes.

Auf der hinteren Halsoberfläche werden von seiner Basis aus nach unten durchgeführt:

- flaches oberflächliches und tiefgehendes Streicheln mit der Handinnenfläche und der Handkante;
- spiralförmiges Verreiben mit den Fingerspitzen;
- Kneten der Muskeln durch Zusammendrücken, Dehnen, Schieben;
- vibrierendes Streicheln;
- Vibrieren durch leichtes Hacken und Punktieren.

Alle Verfahren werden durch oberflächliches Streicheln voneinander abgewechselt.

Auf den Kappenmuskeln führt man aus:

- oberflächliches Streicheln vom behaarten Teil des Kopfes aus zum Schultergelenk und zum Schlüsselbein;
- spiralförmiges Verreiben in dieselbe Richtung;
- zangenartiges Kneten über dem Schlüsselbein;
- stockendes Drücken im Bereich der seitlichen Oberflächen des Halses in einem Abstand von 2–3 Zentimetern;
- Dehnen;
- Vibrieren: leichtes Klatschen und Klopfen mit den Fingerspitzen.

Die Kopfwendermuskeln werden gestreichelt, zangenartig geknetet, mit den Fingern geklopft.

Den Stirnbereich streichelt man von den Brauen zum Haaransatz; von der Mittellinie zu den Schläfen reibt man spiralförmig; Kneten durch Drücken.

Die Schläfen streichelt man mit dem Handballen von der Stirn über den Bereich hinter dem Ohr zum Nacken, mit den Fingern reibt man sie kreisförmig, durch stockendes Drücken werden sie geknetet, «Punktieren» ähnlich der Tätigkeit auf einer Schreibmaschine.

Der behaarte Teil des Kopfes wird auf dem Haar massiert, wobei das Haar nicht in Strähnen aufgeteilt wird. Man sollte vermeiden, die Verfahren zu kräftig auszuführen, um während der Anwendung den Haarverlust so gering wie möglich zu halten. Streicheln:

- harkenartiges vom Scheitel zu den Ohren, zur Stirn und zu den Schläfen auf dem Haar entlang;
- leichtes harkenartiges zickzackförmiges Streicheln mit den Fingern durch die Haarsträhnen von der Haarwuchsrichtung aus zum Scheitel;
- Verreiben durch Schraffieren mit den Fingerspitzen vom Scheitel zu den Ohren, zur Stirn und zu den Schläfen.

Kneten durch Drücken mit der Basis der Hände und mit den Fingerinnenseiten; Zusammenschieben und Dehnen der Hautabschnitte in verschiedene Richtungen; Zusammendrücken des Schädels mit den Händen von vorn und hinten und von den Seiten.

Die Anwendung wird mit leichtem Streicheln von der Stirn nach oben durch die Scheitelzone zur Schläfe und über die hintere Halsoberfläche zur Achselhöhle beendet. Die Dauer der Selbstmassage beträgt 15–20 Minuten. Zyklus: 15–20 Anwendungen, Durchführung jeden zweiten Tag.

Psoriasis (Schuppenflechte)

Die Selbstmassage bei der Psoriasis schließt die folgenden Verfahrensanwendungen an den Zonen um die Wirbelsäule ein: den Bereich des Beckens, der unteren Gliedmaßen, auf dem Brustkasten, den Armen, dem behaarten Teil des Kopfes. Indem man diese Reihenfolge einhält, massiert man zuerst die gesunden Abschnitte und dann die befallenen Hautabschnitte.

An den Stellen mit unveränderter Haut wird die Selbstmassage nach der Methode durchgeführt, die für die entsprechenden Zonen empfohlen wird. Die befallenen Abschnitte werden mit den Fingern verrieben, zusammengeschoben, gedehnt, zusammengedrückt. Der behaarte Teil des Kopfes wird entlang des Scheitels massiert (Methode 1 für den behaarten Teil des Kopfes).

Die Anwendung der Selbstmassage sollte mit der Einwirkung auf Brustkasten, Bauch und Becken beendet werden: das Zusammendrücken und Erschüttern des Brustkastens, das Erschüttern des Bauchs und Beckens. Die gesamte Dauer der Anwendung beträgt 15–20 Minuten. Zyklus: 15–20 Anwendungen, Durchführung 2–3mal in der Woche.

Nach Verbrennungen

Narben, die sich nach Verbrennungen auf Körperabschnitten bilden, verkleinern den Raum der brandverletzten Oberfläche. Die Beweglichkeit der Gelenke in den Bereichen der Verbrennung wird eingeschränkt oder kann ganz aufhören. Deshalb spielt die Selbstmassage in der Periode der Narbenbildung eine große Rolle, weil sie die Dehnbarkeit des Gewebes erhöht und die Wiederherstellung der Beweglichkeit unterstützt.

Die Selbstmassage nach Verbrennungen kann in dem Moment beginnen, in dem die Wunde vernarbt ist. Man darf sie aber nur durchführen, wenn nicht mehr als die Hälfte der Körperoberfläche verletzt ist, wenn der Verbrennungsgrad nicht höher als 2–3 liegt und wenn andere allgemeine Gegenanzeigen fehlen (s. Kap.1 «Gegenanzeigen») Ebenso ist die Selbstmassage nicht möglich, wenn beide Hände verletzt sind. In diesen Fällen empfehlen sich passive Bewegungen, Atemübungen und Elemente einer speziellen Massage, die ein qualifizierter Masseur ausführt.

Wenn die Zonen in Wirbelsäulennähe nicht verletzt sind, führt man anfangs die Selbstmassage an diesen Zonen nach der für sie üblichen Methode durch. In den Fällen der teilweisen Verletzung der die Wirbelsäule umgebenden Bereiche werden die unbeschädigten Abschnitte massiert, indem man unten beginnt und sich nach oben bewegt, während man die verletzte Stelle umgeht. Nachdem man die Massage der Zonen in Wirbelsäulennähe beendet hat, geht man zur Ausführung der Anwendung auf den gesunden Abschnitten der Gliedmaßen und des Rumpfes über, die an die brandverletzte Oberfläche angrenzen, wobei man bis auf 1,5–2 cm an sie herankommt.

Wenn nur ein Teil des Rumpfes oder der Gliedmaße – Beuge- oder Streckmuskel – verletzt ist, entwickelt sich eine Disbalance im Muskeltonus. Auf der verletzten Seite verkürzen sich die Muskeln, und umgekehrt erschlafft der Muskeltonus auf der unverletzten Seite, die Muskeln werden auseinandergezogen. Deshalb sollte man bei der Ausführung der Massageverfahren den Muskeltonus auf der gesunden Seite stimulieren und die Verkürzung der Muskeln fördern. Um dies zu erreichen, werden auf den gesunden Abschnitten das tiefgehende Streicheln und zangenartige Verreiben der Sehnen, das reibende Sägen mit der Handkante durchgeführt; zangenartiges Kneten; Vibrieren: durch stockendes Klopfen, Hacken, Punktieren. Mittleres bis schnelles Tempo.

Auf der brandverletzten Oberfläche wird die Massage mit langsamer Geschwindigkeit ausgeführt. Das Narbengebiet streichelt man leicht mit der Handinnenfläche oder dem Handrücken. Mit den Fingerspitzen, die in einem Winkel von 30–45° zu der zu massierenden Oberfläche stehen, führt man leichtes Schraffieren aus, mit der Handkante leichtes Sägen. Die Narbe wird in verschiedene Richtungen auseinandergezogen und zusammengeschoben. Das Vibrieren führt man in der Art des Schüttelns und des leichten Klatschens aus. Man vervollständigt die Selbstmassage durch aktive und passive Dehnungsbewegungen.

Die Dauer der Prozedur beträgt je nach Größe und Umfang der verletzten Fläche 5–20 Minuten. Zyklus: 20–30 Prozeduren, Durchführung täglich oder jeden zweiten Tag.

Pickeliger Ausschlag (Akne) im Gesicht oder auf dem Rumpf

Bei Mitessern und Pickeln kann man die Selbstmassage sowohl für sich allein als auch in Verbindung mit medizinisch-kosmetischen Präparaten anwenden.

Der Bereich der Einwirkung: die Zonen längs der Wirbelsäule, die seitlichen Halsoberflächen und die befallene Zone, sofern sie keine Entzündungen, Rötungen, Geschwülste, eitrige Absonderungen aufweist.

Zuerst werden die Abschnitte in Wirbelsäulennähe in dieser Reihenfolge massiert: Lendenbereich, unterer Brustkastenbereich, hinterer Halsbereich, danach die seitlichen Halsoberflächen nach der gewöhnlichen Methode. Dann wird die Massage auf den Zonen mit dem Ausschlag ausgeführt.

Das Gesicht wird vor der Selbstmassage mit speziellen Kosmetikmitteln, die bei Mitessern und pickeligem Ausschlag verwendet werden, gereinigt und, wenn es nicht zu heiß ist, wird für 35–45 Sekunden eine heiße Kompresse angewendet. Dazu wird ein weiches Frottierhandtuch in 50–60° C heißes Wasser getaucht, kräftig ausgewrungen, ausgeschüttelt und auf das Gesicht gelegt.

Wenn es heiß ist, kann man eine Kompresse mit auf 28–30° C erwärmtem Wasser anwenden.

Die Selbstmassage des Gesichts wird entsprechend der zweiten Methode ausgeführt, das heißt, jedes Verfahren wird auf allen Gesichtsabschnitten nacheinander von oben nach unten durchgeführt, dann folgen die anderen Verfahren in der entsprechenden Reihenfolge.

Bei der Anwendung der Massageverfahren auf den Zonen mit Ausschlag wird eher das Streicheln, Verreiben und Vibrieren berücksichtigt, weniger das Kneten.

Die Dauer der Selbstmassage beträgt 10–15 Minuten, darunter das Streicheln, Verreiben und Kneten jeweils ca. 1,5–3 Minuten, das Vibrieren 0,5–1 Minute. Zyklus: 10–15 Anwendungen, Durchführung täglich. Wenn es nötig ist, kann die Kur nach 1,5–2 Monaten wiederholt werden.

Vorzeitige Hautalterung

Negative klimatische Bedingungen, trockene Hitze, besonders trockener heißer Wind oder umgekehrt kalter Wind, Staub und Industrieabgase, andauernde physische Ermüdung oder nervliche Überbelastungen – das sind diejenigen Faktoren, die das vorzeitige Altern und Verwelken sowie die Faltenbildung der Haut begünstigen. Diesem Prozeß vorzubeugen oder ihn zu verlangsamen ist mit Hilfe der Selbstmassage möglich.

Die Technik und Methode dieser Anwendung ist im Abschnitt «Die Selbstmassage einzelner Körperabschnitte» (Kap. 2) beschrieben.

Erkrankungen der Muskeln, Bänder und Gelenke

Muskeln, Bänder, Knochen und Gelenke stellen zusammengenommen ein Stütz- und Bewegungssystem dar. Bei Traumata (Quetschungen, Verrenkungen, Ausrenkungen, Brüchen), Entzündungen, Stoffwechselstörungen oder bei Störung der Nervenregulation empfindet der Mensch Schmerzen, die Bewegungsfunktionen sind gestört. Dies geschieht gewöhnlich auf Kosten der Elastizität und Dehnbarkeit der Muskeln, der Sehnen und Bänder, die Gelenkoberflächen verändern sich, die Menge der Gelenkflüssigkeit verringert – oder umgekehrt – vermehrt sich. Die Selbstmassage verringert das Ödem, begünstigt den Wiederaufbau des Gewebes, lindert den Schmerz, verbessert die Bewegungsfunktion. Deshalb erweist sich bei verschiedenen Störungen des Stütz-Bewegungsapparates die Selbstmassage als effektives Wiederherstellungsmittel. Die Technik und Dosierung der Anwendung hängt von der Art und den Zonen der Schädigung ab.

Quetschungen der weichen Gewebe und Sehnenzerrung

Wenn keine Gegenanzeigen zutreffen, kann man 1–2 Tage nach dem Trauma mit der Selbstmassage beginnen. Während den ersten 1–2 Anwendungen wird der Bereich der Verletzung nicht massiert, sondern nur die Zonen in Wirbelsäulennähe und diejenigen, die an die geschädigte Zone angrenzen. Danach beginnt man, schonende Massageverfahren auf der verletzten Zone auszuführen: leichtes oberflächliches Streicheln, Verreiben und vibrierendes Streicheln. Nach 3–5 Anwendungen, wenn der Schmerz und das Ödem sich tatsächlich verringert haben, wird das Streicheln und Reiben mit mittlerer Kraft ausgeführt. Ebenso werden das längs- und quergerichtete Kneten der Muskeln angewendet, das Zusammenschieben und das Walken. Von den Vibrationsverfahren kann man das Erschüttern und das leichte Klatschen ausführen. In den Gelenkbereichen wird das Streicheln und Verreiben gemäß der üblichen Methode angewendet. Die Dauer der Anwendung hängt von der Gelenkgröße ab: die kleineren Gelenke (Finger-, Zehen-, Kiefergelenk) bis 5 Minuten, die mittleren (Handgelenk, oberes Sprunggelenk, Ellenbogen) bis 10 Minuten, die großen (Schulter-, Knie- und Hüftgelenke) bis 15 Minuten. Die Selbstmassage wird täglich durchgeführt.

Knochenbrüche, Verrenkungen, Sehnen- und Bänderriß

In diesen Fällen sollte die Selbstmassage nur nach der Konsultation eines Orthopäden durchgeführt werden. Man kann 3–4 Tage nach dem Trauma mit den Anwendungen beginnen. Sowohl bei äußerlicher als auch bei innerer Fixierung der Knochenbrüche werden von den ersten Tagen nach dem Trauma an bis zur Periode der Knochenschwielenbildung die Zonen in Wirbelsäulennähe (wenn die Wirbelsäule nicht verletzt ist) und die symmetrischen (entsprechenden unverletzten) Körperteile des geschädigten Abschnitts massiert.

In der Anfangsperiode nach dem Trauma wird die Bruchstelle nicht massiert.

Wenn sich an der Bruchstelle eine Knochenschwiele abzeichnet, kann man die leichte Vibration und das leichte Klopfen mit der Faust oder der Handbasis in Richtung der Längsfasern des beschädigten Knochens ausführen. Falls man einen Gips- oder einen anderen fixierenden Verband hat, dann benutzt man für das Gebiet des Bruchs das Vibrationsverfahren mittlerer Intensität.

Bei gutem Zusammenwachsen führt man die Massageverfahren im Bereich des Bruchs in vollem Umfang durch: oberflächliches und tiefgehendes Streicheln, Verreiben der Sehnen im Gelenkbereich, Kneten und Dehnen der Muskeln, alle möglichen Vibrationsverfahren. Außerdem werden diejenigen Teile des Körpers massiert, mit denen die verletzte Gliedmaße unmittelbar verbunden ist: der Schultergürtel und der obere Abschnitt des Brustkastens bei Armtrauma, die Taille und das Becken bei Traumata der unteren Gliedmaßen.

Falls aus irgendwelchen Gründen die Selbstmassage in der frühen Zeitspanne nach dem Trauma nicht ausgeführt wurde, ist es immer noch möglich, sie in den nachfolgenden Etappen der Behandlung anzuwenden und sie bis zur völligen Wiederherstellung der Muskelkraft und Gelenkbeweglichkeit durchzuführen. Die Dauer der Anwendung beträgt 10–20 Minuten.

Arthritis, Arthrose

Viele ältere und sogar jüngere Menschen leiden an Gelenkerkrankungen. Im wesentlichen sind dies chronisch fortschreitende Krankheiten. Die Krankheit beginnt in der Regel akut, und in dieser Periode ist eine medikamentöse Behandlung gewöhnlich erfolgreich. Nachdem sich die akuten Erscheinungen gelegt haben, kann die Leistungsfähigkeit des Menschen vollkommen wiederhergestellt sein. Allein die Veränderungen in den Gelenken und in den das Gelenk umgebenden Geweben (Bänder, Gelenktaschen und -knorpel in den Muskeln, die das Gelenk in Bewegung setzen) werden nicht völlig ausgemerzt, nicht selten vermehren sie sich weiterhin. Nach und nach treten Verrenkungen der Gelenke ein, Bewegungshemmungen in ihnen oder umgekehrt ihre Lockerung.

Bei solchen Zuständen erweist sich die Selbstmassage als unumgängliche Behandlungsmaßnahme neben körperlichen Übungen und anderen Therapiemethoden (Warmwasser- und Moorbehandlungen, Magnet-, Licht-, Ultraschallbehandlungen). Durch die Massageverfahren können wir ein Ödem verringern, den Schmerz nehmen, die Gelenkform wiederherstellen, die Muskelkraft verbessern, die Sehnen kräftigen, den Umfang aktiver Bewegungen im betroffenen Gelenk normalisieren.

Bei fortgeschrittenem Prozeß wird die allgemeine Selbstmassage mit dem Akzent auf den verletzten Gelenken durchgeführt. Wenn hauptsächlich die Schultergelenke beschädigt sind, massiert man die Zonen in Wirbelsäulennähe von der Grundlinie der unteren Schulterblattecken aus hinauf zur Mitte der hinteren Halsoberfläche und nach vorn zum Schlüsselbein, dann massiert man die breitesten Rückenmuskeln, die Kappenmuskeln, Deltamuskeln und die großen Brustmuskeln. Bei Schädigung des Schultergelenks berücksichtigt man besonders die Halsmuskeln und die oberen Gebiete des Brustkastens.

Im Falle der Schädigung der Gelenke des Beins werden in der Anfangsetappe des Selbstmassagezyklus diese Bereiche behandelt: hinten auf den unteren Abschnitten des Brustkastens, auf dem Lenden-Kreuzbein-Bereich einschließlich der Gesäßhälften; vorn auf den Kämmen der Hüftknochen und den Rippenbögen. Wenn die akuten Erscheinungen abgeklungen sind, beginnt man nach

3–6 Anwendungen die Selbstmassage an den beschädigten Gelenken auszuführen. Massiert wird in dieser Reihenfolge: diejenigen Rumpfabschnitte, die an den Gliedmaßen befestigt sind, das obere Segment der Gliedmaße, das an das geschädigte Gelenk angrenzt, dann das Gelenk selbst. Wenn mehrere Gelenke geschädigt sind, bewegt man sich von den größeren zu den kleineren. Zuletzt massiert man die Stellen, an denen die Muskeln befestigt sind, die das Gelenk zur Bewegung führen, und den Bereich der Gelenkspalte. Große Aufmerksamkeit wird der Dehnung verkürzter Muskeln, Sehnen und Gelenktaschen zuteil durch das Verfahren des Rüttelns der Gliedmaße in solch einer Position, die eine Dehnung dieses oder eines anderen Gelenks ermöglicht.

Die Dauer der Prozedur beträgt von 20 bis zu 30 Minuten je nach Größe und Anzahl der geschädigten Gelenke. Wenn mehrere und/oder grosse Schädigungen vorliegen ist die Dauer der Einwirkung auf jedes Gelenk kürzer, als im Falle der Schädigung von nur einem oder zwei Gelenken, weil eine andauernde Selbstmassage nicht nur eine Ermüdung der Arme hervorruft, sondern auch zu einer Verschärfung der Erkrankung führen kann. Der Umfang eines Zyklus beträgt 10–15–20 Anwendungen, die täglich oder jeden zweiten Tag durchgeführt werden. Nach einer 10–15tägigen Pause kann der Zyklus wiederholt werden. In der inaktiven Phase der Erkrankung muß die Selbstmassage ein Teil des Tagesplans werden, um über einen fortdauernden Zeitraum eine höhere Leistungsfähigkeit beizubehalten.

Bei ausgesprochenen Gelenkdeformationen und Athrophie der Muskeln und Knochen ist es schwierig, aber dennoch möglich, die Selbstmassage auszuführen. Einige orthopädische Vorrichtungen, die von Orthopäden empfohlen werden, helfen, sich vor unerwünschten Bewegungen der deformierten Gelenke zu schützen. Diese Vorrichtungen ermöglichen es, die Selbstmassage in einer vereinfachten Variante wirkungsvoll durchzuführen.

Bei der Selbstmassage der Arme verbessert sich nicht nur der Zustand der massierten Gelenke, sondern es werden auch die Muskeln der massierenden Arme und des Schultergürtels gekräftigt.

Die Prozedur für die Beine kann man erfolgreich durch die Verfahren ergänzen, die durch die Beine ausgeführt werden (im Abschnitt «Selbstmassage der

Beine» beschrieben). Die aktive Arbeit der massierenden Beine unterstützt die Kräftigung der Muskeln beider Beine: zum einen deshalb, weil seine Muskeln massiert werden, zum anderen – weil seine Muskeln selbst aktiv arbeiten. Der Stellungstausch – das massierende Bein wird zum massierten – hat den doppelten Effekt. Dabei arbeiten ebenso die Muskeln des Rumpfes, besonders die Gesäß- und Bauchmuskeln. Deshalb unterstützt die Selbstmassage, die mit den Beinen ausgeführt wird, die allgemeine Kräftigung des Organismus, erhöht die Leistungsfähigkeit und verbessert die Figur.

Rückenprobleme

Bei pathologischen Veränderungen der Wirbelsäulenzwischengelenke und Sehnen sowie der Bänder und Muskeln des Rückens kann man nur nach einer Röntgenuntersuchung und nach Rücksprache mit einem Facharzt mit der Selbstmassage beginnen.

Wenn es laut Röntgenuntersuchung keine Veränderungen in den Wirbeln und den Geweben der Wirbelsäulenumgebung gibt, dann wirkt man auf die gesamte Wirbelsäule ein. Wenn Veränderungen irgendeiner Stufe vorhanden sind, so wirkt man zu Beginn des Zyklus der Selbstmassage nur auf die Abschnitte ausserhalb der geschädigten Zone ein.

Während der Anwendung werden die Massageverfahren zu Beginn auf den Zonen in Wirbelsäulenumgebung ausgeführt (Abb. 77,78), indem man sich von den unteren Segmenten zu den oberen bewegt: Streicheln mit den Handinnenflächen und den Handrücken, Bügeln mit der Faust, spiralförmiges Verreiben; Sägen mit der Handkante; Kneten: stockendes Drücken und Zusammenschieben; Vibrieren: leichtes Hacken mit der Handkante und Klopfen mit den Fingern. Danach werden die seitlichen Oberflächen des Halses massiert: Streicheln mit der Handinnenfläche oder der Handkante, zickzackförmiges Verreiben mit den Fingern; stockendes Drücken und zangenartiges Verreiben des Kappenmuskels; zangenartiges Streicheln und Kneten entsprechend dem Verlauf des Kopfwendermuskels. Alle Verfahren auf dem Halsabschnitt werden von oben nach unten ausgeführt, nur das Streicheln und Verreiben der oberen Schlüssel-

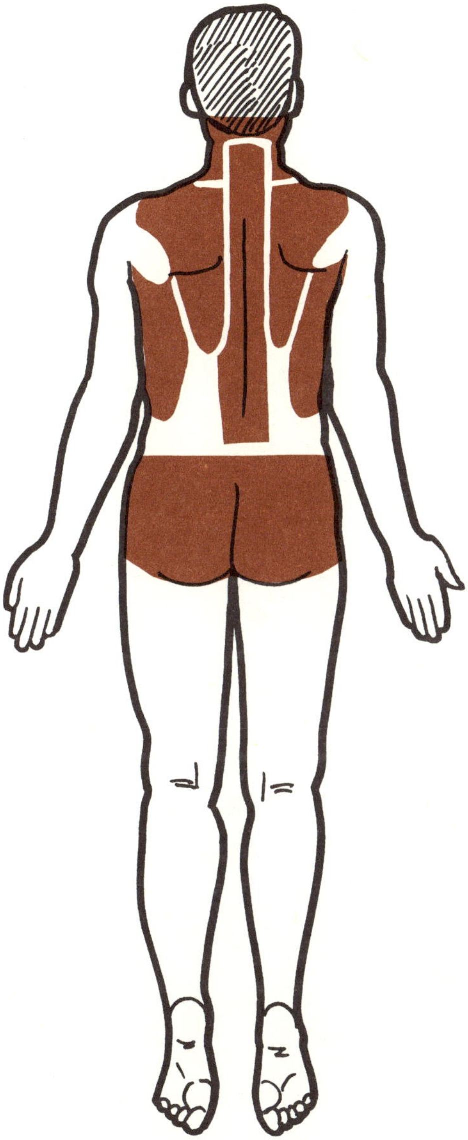

Abb. 77

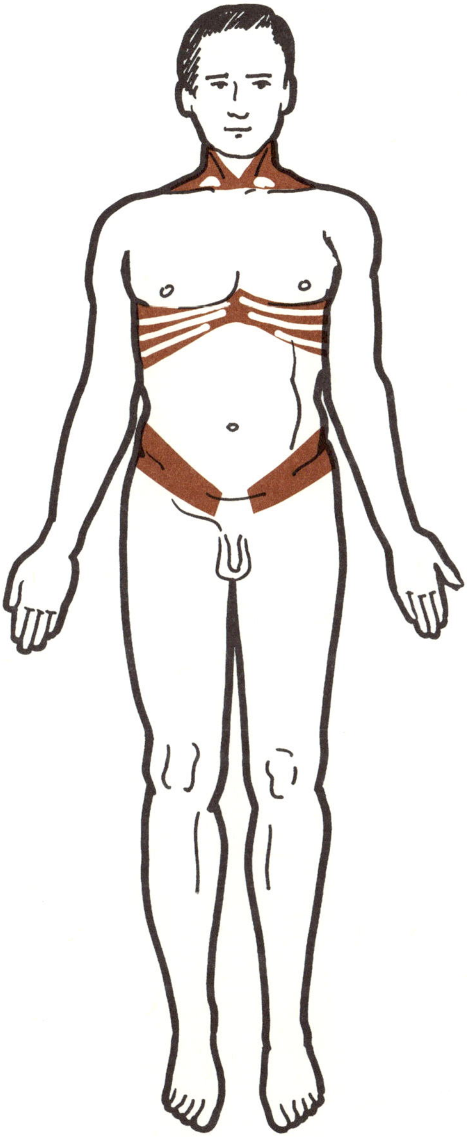

Abb. 78

beinzone erfolgt horizontal gemäß dem Verlauf des Schlüsselbeins. Nachdem man die Massage der die Wirbelsäule umgebenden Zonen beendet hat, geht man zur Selbstmassage der seitlichen Rückenbereiche über: von unten nach oben zu den Achselhöhlen nacheinander rechts und links. Ausgeführt werden die Verfahren: Streicheln und Verreiben mit der Handfläche, Kneten durch Drücken, zangenartiges Ausdrücken und Zusammenschieben; Vibrieren: Schütteln der Schultern, dabei soll man die Hände in die Taille stellen oder die Unterarme auf eine Sessellehne oder irgendeine andere Stütze legen.

Nach der Rückenmassage werden die Verfahren auf den Gesäßhälften nach der für diese Zonen üblichen Methode ausgeführt. Danach Streicheln und Verreiben entlang der Rippenbögen und Rippenzwischenräume vom Brustbein zur Wirbelsäule.

Nachdem man die Massage der weichen Gewebe beendet hat, geht man zur Einwirkung auf die Dornfortsätze der Wirbelsäule und auf ihre Zwischenräume über, von unten nach oben. Mit den Fingerspitzen streichelt und reibt man auf der Wirbelsäule entlang, danach drückt man auf jeden einzelnen Dornfortsatz. Dabei beachtet man besonders den Dornfortsatz des fünften Lendenwirbels und des siebten Halswirbels, weil diese Wirbel die größte Last tragen. Auf der Wirbelsäule werden die folgenden Verfahren ausgeführt: kreisförmiges Streicheln und Verreiben, strahlenförmiges Dehnen der weichen Gewebe, Klopfen: dafür wird der Mittelfinger der linken Hand auf den Dornfortsatz gestellt und mit den Fingern der rechten Hand wie mit einem Hämmerchen rhythmisch 5–7mal zuerst bis zum fünften Lendenwirbel und dann bis zum siebten Halswirbel geklopft. Das Klopfen sollte mit anwachsender und abnehmender Kraft erfolgen.

Nicht auf diejenigen Wirbel unmittelbar einwirken, an denen sich pathologische Veränderungen erkennen lassen!

Nachdem man die Verfahren auf der Wirbelsäule selbst ausgeführt hat, wirkt man auf die entfernten Schmerzzonen durch die Verfahren des Streichelns, Verreibens, Dehnens, Vibrierens ein. Kneten darf man diese Zonen nicht, um keine Verschärfung der Krankheit hervorzurufen.

Die Anwendung wird mit dem Zusammendrücken und Ausdehnen des Brustkastens und Beckens sowie dem Schütteln der Gliedmaßen im Zustand maximal möglicher Muskelentspannung beendet. Die Dauer der Anwendung beträgt von 15 bis zu 30 Minuten. Zyklus: 15–30 Anwendungen, Durchführung täglich oder jeden zweiten Tag.

Eine besondere Gruppe stellen Kranke dar, bei denen als Resultat eines Rückenmarktraumas Störungen unterschiedlichen Ausmaßes der Bewegungen, der Empfindungen, des Harnlassens und der Darmtätigkeit eingetreten sind. Die ersten Monate nach dem Trauma befinden sich die Spinalkranken in einem speziellen Zentrum, wo eine medizinische Rehabilitation durchgeführt wird. Diese ist auf das Training der Bewegungserhaltung gerichtet, auf das Schaffen neuer Lebensmöglichkeiten und vor allem darauf, die Kranken auf das Leben unter den neuen Bedingungen vorzubereiten. Schon bei der Entlassung müssen die Kranken selbst ihren Zustand auf höchstmöglichem funktionellen Niveau halten.

Spinalkranke haben genügend Probleme: sie müssen für rechtzeitiges und richtiges Harnlassen sorgen, Prophylaxen gegen wundgelegene Stellen und Kontrakturen (Schwerbeweglichkeit in den Gelenken) durchführen, die erhalten gebliebenen Bewegungen kräftigen und weiterentwickeln. Dafür sind Selbstmassage und Kinesiotherapie (Krankengymnastik) nötig und werden stufenweise angewendet. Die Technik und Methode der Ausführung der Anwendung hängen vom Zustand der Muskeln ab.

Die nicht gelähmten Muskeln werden wie gewöhnlich massiert, die gelähmten mit Berücksichtigung des Lähmungscharakters (spastisch oder schlaff). Bei spastischer Lähmung ist der Muskeltonus ungleichmäßig erhöht, deshalb sind die einen Muskeln stärker verkürzt, die anderen weniger. Diesen Unterschied muß man bei der Selbstmassage unbedingt beachten, indem man sich bemüht, die Muskelimbalance auszugleichen. Die verkürzten Muskeln werden mit den Verfahren massiert, die ihre Entspannung unterstützen: oberflächliches flaches und kreisförmiges Streicheln, leichtes linienförmiges Verreiben, längsgerichtetes leichtes langsames Kneten mit den Fingern, Walken, Dehnen. Alle ruck- und stoßartigen Bewegungen der massierenden Hand sind zu vermeiden. Heftige Verfahrensausführungen sind nicht zulässig, weil dies spontane, krampfartige schmerzhafte Muskelverkürzungen (sog. Spasmen) hervorrufen kann. Falls während der Selbstmassage ähnliche Erscheinungen auftreten, so soll man das Rütteln, Walken und die passive Dehnung der Muskeln, in denen sich der Spasmus verstärkt hat, anwenden. Wenn der Krampf aufgehört hat, kann man mit der Anwendung fortfahren, aber die Verfahren werden noch weicher, langsamer und rhythmischer ausgeführt. In der Regel spüren Kranke die Krampferscheinungen schon vorher und bemühen sich, sie zu verhindern.

Schlaffe Lähmungen treten bei Traumata der Wirbelsäule und des Rückenmarks im Lendenbereich (manchmal im unteren Brustbereich) ein. In diesen Fällen werden auf den gelähmten Muskeln tonisierende Verfahren ausgeführt: tiefgehendes Streicheln, zickzack- und kreisförmiges Verreiben in den Gelenkbereichen und an den Stellen der Muskelkräftigung; Zupfen der Muskeln, leichtes «Hacken» und Punktieren.

Die Selbstmassage kann bei vielen Lähmungsarten nur nach der Konsultation eines Facharztes durchgeführt werden. Die Dauer der Anwendung beträgt bei spastischen Lähmungen von 10 bis zu 20 Minuten, bei schlaffen von 5 bis zu 10 Minuten.

Variköse Venenverbreiterung

Bei variköser Venenverbreiterung ist es möglich, die Selbstmassage durchzuführen, falls keine akute Thrombophlebitis, große trophische Geschwüre, Erysipelentzündung oder andere Gegenanzeigen vorliegen.

Massiert wird in dieser Reihenfolge:

die die Wirbelsäule umgebenden Zonen von den Lenden aus bis unterhalb des Brustniveaus: Streicheln und Kneten mit den Fingern, leichtes Klopfen mit der Handkante auf der Seite des Zeigefingers; die unteren Abschnitte des Brustkastens (vom Brustbein aus zur Wirbelsäule gerichtet): Streicheln mit der Handinnenfläche, strichförmiges Verreiben mit den Fingern;

das Kreuzbein: Verreiben gemäß der Richtung der geringsten Dehnbarkeit der Haut;
die Kämme der Hüftknochen: Reiben von der Wirbelsäule zur Leiste;
die Gesäßhälften: kreisförmiges Streicheln und Verreiben, Kneten durch zangenartiges Drücken; Verschieben; Vibrieren durch leichtes Klatschen mit der Handkelle, Klopfen mit der Faust, Hacken mit dem Rand der Hand; vibrierendes Streicheln des Kreuzes und der Gesäßhälften; Erschüttern des Beckens.
Die Beine: hier muß man die Lage der varikös verbreiterten Venen beachtet. Zuerst führt man auf der ganzen Strecke vom Fuß bis zur Leiste das flache Streicheln aus, dann das umgreifende Streicheln auf den Abschnitten ohne variköse Knoten. An den Stellen mit veränderten Venen führt man das harkenartige Streicheln durch, ohne die varikösen Knoten und die Bereiche mit veränderter Haut zu berühren.
Die Füße: Streicheln mit dem Kamm der zur Faust gebogenen Finger.
Die Muskeln des Unter- und Oberschenkels: leichtes Walken und vibrierendes Streicheln.
Nicht die Muskeln zusammendrücken und auspressen!
Die Gelenke (die oberen Sprunggelenke, Kniegelenke, Hüftgelenke): umgreifendes oder flaches Streicheln; Verreiben durch spiralförmiges, kreisförmiges Schraffieren.
Die Anwendung wird mit dem Zusammendrücken und Ausdehnen des Brustkastens und mit Atemübungen beendet. Die Dauer der Anwendung beträgt 10–15 Minuten. Zyklus: 10–15 Anwendungen, Durchführung jeden zweiten Tag. Nach einer Pause von 15–30 Tagen kann ein Wiederholungszyklus durchgeführt werden.

Störung der arteriellen Blutzirkulation in den unteren Gliedmaßen

Erkrankungen der unteren Gliedmaßen, die durch Störung ihrer arteriellen Blutzirkulation bedingt sind, tragen einen progressiven Charakter und verursachen eine hohe Prozentzahl der Invalidität (Amputationen). In den Anfangsstadien ist die Selbstmassage ausreichend effektiv, wenn noch keine sichtbaren Hautveränderungen zu Tage getreten sind und bei kurzen Gängen kein Schmerz im Zwillingswadenmuskel aufgetreten ist. Die Massageverfahren werden an folgenden Zonen ausgeführt (Abb. 79, 80):

- die die Wirbelsäule umgebenden, von den oberhalb des Schulterblatts gelegenen Wirbeln bis auf die Höhe des Schulterblatts: flaches Streicheln (oberflächliches und tiefgehendes) mit der Handinnenfläche, Verreiben mit dem Handballen und dem Kamm der zur Faust geballten Finger, Sägen mit der inneren Handkante; die Kämme der Hüftknochen – Streicheln und Verreiben von der Leiste zur Wirbelsäule; die Rippenbögen – Streicheln und Verreiben vom Brustbein zur Wirbelsäule; Erschüttern des Beckens;
- die Beine: flaches Streicheln der Fußsohle von der Ferse zu den Zehen, umgreifendes Streicheln der vorderen Oberflächen der Unter- und Oberschenkel;
- Knie- und oberes Sprunggelenk: Streicheln und Verreiben längsgerichtet, spiralförmig und kreisförmig.

Die Oberschenkel- und Unterschenkelmuskeln nicht kneten!

Nach der Selbstmassage sollte man die Knie- und Hüftgelenke ohne Muskelanspannung oder -anstrengung bewegen. Danach wendet man das Verfahren der Ausdehnung des Brustkastens und Atemübungen im Sitzen und Stehen an. Die Anwendung dauert 10–15 Minuten. Zyklus: 10–15 Anwendungen, Durchführung jeden zweiten Tag. Diese Zyklen können alle 2–3 Monate wiederholt werden.

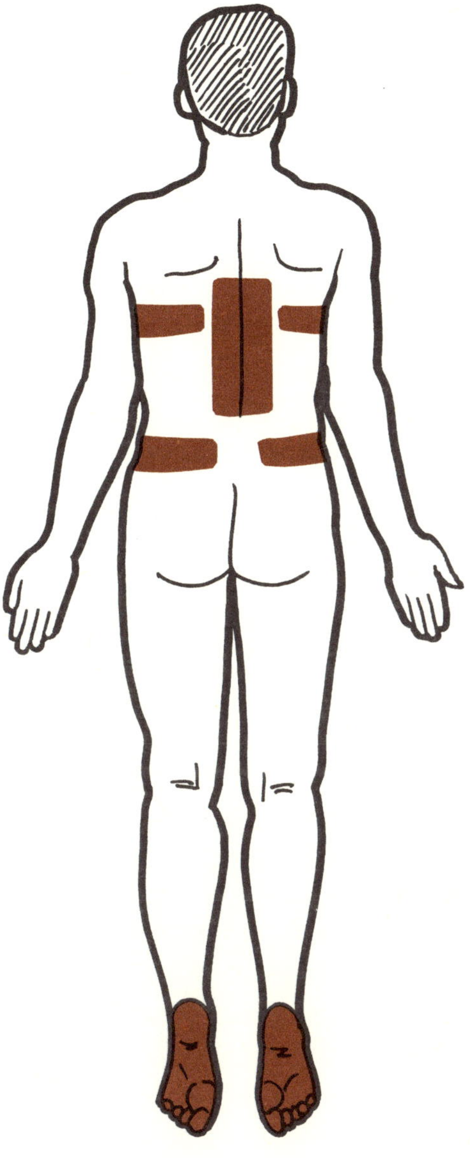

Abb. 79

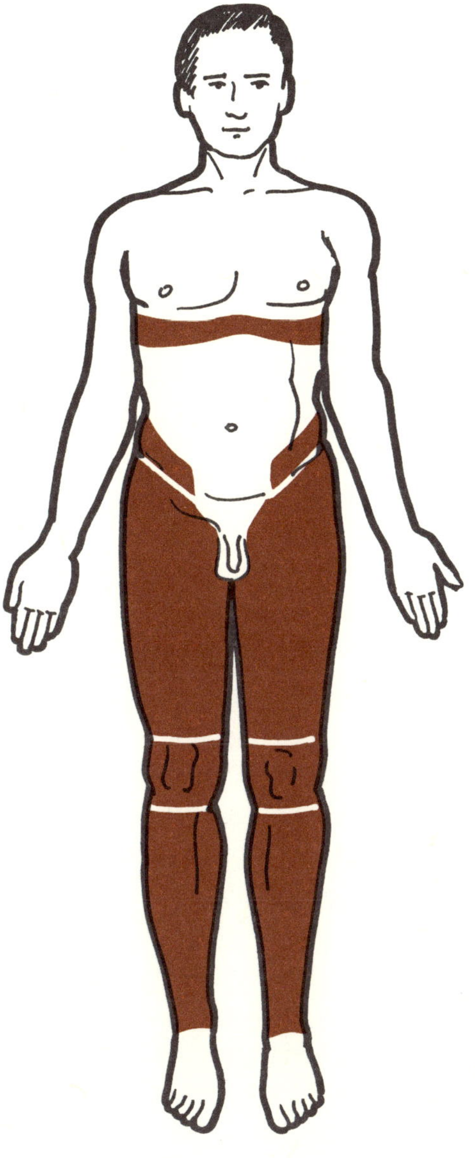

Abb. 80

Der Amputationsstumpf

Das grundlegende Ziel der Selbstmassage nach dem Verlust eines Teils der Gliedmaßen (Amputation) ist es, den Stumpf in dem Zustand zu erhalten, der notwendig für die Benutzung einer Prothese ist. Dazu muß eine gute Beweglichkeit in den verbliebenen Gelenken bewahrt werden, die Muskeln müssen beständig gekräftigt werden, die Narbe muß weich, dehnbar und beweglich und die Haut um die Narbe gesundgehalten werden. Ebenso notwendig ist es, dem Auftreten von Schmerzen nach der Amputation vorzubeugen und etwas dagegen zu tun, falls sie auftreten.

Man kann 5–10 Tage nach der Amputation mit der Ausführung der Selbstmassage beginnen. Zuerst werden die Verfahren auf den entsprechenden Zonen und Teilen des Rumpfes ausgeführt, mit denen die beschädigte Gliedmaße unmittelbar verbunden ist. 3–5 Tage nachdem die Wunde verheilt ist, kann man beginnen, den Stumpf zu massieren.

Angewendet werden verschiedene Verfahren. Besondere Aufmerksamkeit sollte man dem Kneten und dem Vibrieren widmen. Die Anwendungen werden nur auf den gesunden Geweben von der Peripherie aus zum Zentrum gerichtet ausgeführt. An dem Stumpf werden das umgreifende Streicheln, das Verreiben durch Schraffieren, das Durchqueren angewendet; ebenso vibrierendes Streicheln, Kneten durch Drücken, Vibrieren durch Schütteln, Hacken mit den Rändern der Handfläche, Klopfen mit leicht geballter Faust, dabei ist der kleine Finger abgespreizt. Auf der Oberfläche, die als Stütze für die Prothese dienen wird, weiches kreis- und spiralförmiges Verreiben mit den Fingerkuppen, leichtes Dehnen und Zusammenschieben des Gewebes, «Schlagen» mit den Fingerinnenflächen. Die Narbe vorsichtig auseinanderziehen und zusammenschieben.

Die allgemeine Dauer der Selbstmassage beträgt von 10 Minuten (erste Anwendungen) bis 20 Minuten. Es ist empfehlenswert, die Selbstmassage täglich vor dem Anlegen und nach dem Ablegen der Prothese durchzuführen.

Vor dem Anlegen der Prothese sollte man die Selbstmassage in vollem Umfang durchführen, indem man mit den die Wirbelsäule umgebenden Zonen beginnt, dann diejenigen Rumpfabschnitte durchmassiert, die unmittelbar mit dem

Stumpf verbunden sind und dann mit der Einwirkung auf den Stumpf selbst endet. Nachdem man die Prothese abgenommen hat, sollte man das kreisförmige Streicheln, das Rütteln, weiches Hacken und Walken im Stumpfbereich ausführen. Diese Anwendung wird mit leichtem umgreifenden Streicheln beendet. Die Zonen, die dem Druck der Prothese ausgesetzt sind, werden nach deren Abnahme nicht massiert. Die Anwendung dauert 5–10 Minuten. Falls sich auf der Haut Abschürfungen oder gar Wunden zeigen, muß man die Selbstmassage verkürzen. Die Anwendungen dürfen nur nach einer Konsultation eines Facharztes wiederaufgenommen werden.

Kopfschmerzen

Dem Auftreten von Kopfschmerzen kann in einem Großteil der Fälle mit Hilfe der Selbstmassage vorgebeugt, schon existierenden ein Ende gemacht oder zumindest ihre Intensität verringert werden. Die Anwendung ist effektiver, wenn man den Charakter der Kopfschmerzen unter den folgenden Typen richtig bestimmt: gefäßbedingter, durch Muskelverspannung oder veränderten Schädelinnendruck hervorgerufener und neuralgischer Schmerz. Im letzteren Falle sollten Sie einen Neuropathologen aufsuchen.

Gefäßbedingter Kopfschmerz wird durch Veränderung des Tonus (Spannung) der Hirngefäße hervorgerufen. Dies ist am häufigsten der Fall bei Migräne, hypertonischen Erkrankungen und Dystonie. Der gefäßbedingte Kopfschmerz hat in der Regel einen ausgesprochen pulsierenden Charakter und ist in den Bereichen des Hinterkopfes, der Augen oder der Schläfen ein- oder beidseitig zu lokalisieren.

Schmerz durch Muskelverspannung ist im erhöhten Muskeltonus von Kopf und Hals begründet und bringt ausgesprochene Druckempfindungen mit sich. Am häufigsten kommt er bei Osteochondrose des Halswirbelbereichs vor.

Bei Schädelinnendruckveränderungen (erhöht oder gesenkt) ist der Kopfschmerz vom auseinanderdrückenden Typ, er wird in der zweiten Tageshälfte, nachts oder gegen Morgen stärker. Manchmal wird er von Erbrechen begleitet. Neuralgischer Kopfschmerz erscheint als Folge einer Reizung der Trigenimus- oder Hinterkopfnerven und tritt durch heftige unerträgliche Schmerzanfälle zu Tage. Oft wird er von einer Gesichtsrötung und Tränenfluß begleitet. In den Pausen zwischen den Anfällen fühlen sich die Kranken wohl.

Gemischter Kopfschmerz tritt bei der Kombination von zwei oder mehreren der aufgezählten Mechanismen auf und ist am weitesten verbreitet. In vielen Fällen beginnt der Kopfschmerz mit der Vorherrschaft irgendeines Typus, bekommt aber im Laufe der Krankheitsentwicklung einen gemischten Charakter.

Wenn ein Mensch mit hartnäckigen Kopfschmerzen keinen der aufgezeigten Mechanismen zu entdecken vermag, dann ist sein Schmerz mit großer Wahrscheinlichkeit psychisch bedingt. Die Seele drückt gewissermaßen auf die Gesundheit.

Eine korrekt ausgeführte Selbstmassage normalisiert den Tonus und die Blutfülle der Hirngefäße, entfernt die Muskelverspannung des Halses und Kopfes, beeinflußt positiv die Empfindungen der Nervenrezeptoren und -zentren, die Konzentration biologisch aktiver Stoffe, die Nervenimpulse übertragen oder ihre Übertragung blockieren (einschließlich der schmerzhaften).

Um bei Kopfschmerzen einen Heilungseffekt zu erzielen, ist es unumgänglich, die Zone der Einwirkung, die Massageverfahren, die Kraft, mit der diese ausgeführt werden, die Dauer der Anwendungen und ihre Anzahl im Zyklus richtig auszuwählen. Ebenso sollte man nicht nur den Charakter des Kopfschmerzes beachten, sondern auch die Periode seiner Entwicklung (den Beginn, sein Abklingen, den Zustand außerhalb seines Auftretens). Hier muß bemerkt werden, daß es leichter ist, einem Anfall vorzubeugen (z. B. Migräne) als ihn zu lindern bzw. zu heilen. Dies betrifft speziell die Kranken, die Arzneimittel schlecht vertragen. Auf dem Höhepunkt des Anfalls kann die Selbstmassage nur von Personen durchgeführt werden, die sie gut beherrschen.

Bei gefäßbedingtem Kopfschmerz wird folgendermaßen massiert:

- die die Wirbelsäule umgebenden Zonen, indem man vom Niveau der Schulterblattmitte aus beginnt, dann hinauf bis zum behaarten Bereich des

Kopfes: flaches Streicheln, spiralförmiges Verreiben, Kneten durch Drücken, kammartiges Streicheln, spiralförmiges Verreiben;

- die Kappenmuskeln: vom Bereich hinter den Ohren aus zu den Schultern flaches Streicheln, spiralförmiges Verreiben, Kneten durch Drücken und leichtes Zusammenschieben, kammartiges Streicheln;
- die Stirn und der behaarte Teil des Kopfes: kammartiges Streicheln, halbkreisförmiges Verreiben, Dehnen der Haut nach vorn und hinten und zu den Seiten;
- der Hals: flaches und umgreifendes Streicheln der hinteren Oberfläche von oben nach unten;
- die Kopfwendermuskeln: flaches Streicheln, spiralförmiges Verreiben, leichtes zangenartiges Kneten (Abb. 81, 82).

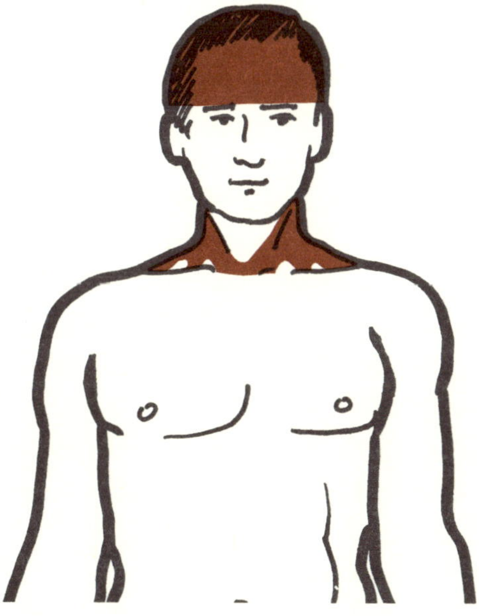

Abb. 81

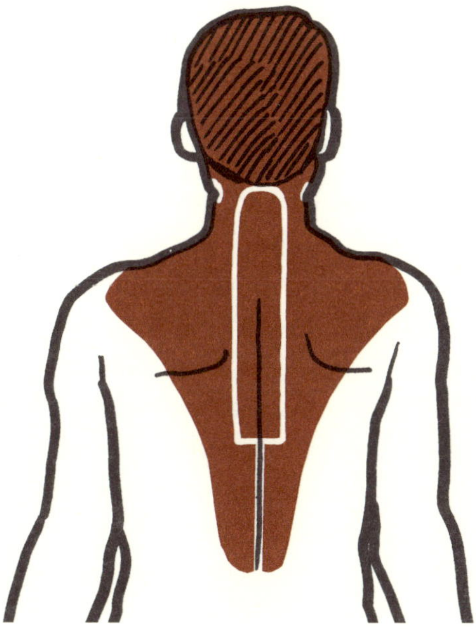

Abb. 82

Die Anwendung wird durch leichtes flaches Streicheln von der Stirn zurück zur Halsbasis und zum Schultergelenk beendet. Die Dauer beträgt 7–10 Minuten. Zyklus: 10–15 Anwendungen, Durchführung täglich oder jeden zweiten Tag.

Bei Schmerzen durch Muskelverspannung (drückenden Charakters) wird die Selbstmassage so durchgeführt, wie im Abschnitt «Der Hals» (Kap. 2) beschrieben.

Bei auseinanderdrückendem Kopfschmerz (der Schädelinnendruck ist häufig erhöht) empfiehlt es sich, die die Wirbelsäule umgebenden Zonen zu massieren, vom Kreuzbein zum Schulterblatt: Streicheln mit der Handinnenfläche oder dem Handrücken, Bügeln mit der zur Faust geballten Hand, tiefgehendes Verreiben mit den Fingern, zangenartiges Kneten durch Zusammenschieben, vibrierendes Streicheln;

- das Kreuzbein und die Gesäßmuskeln: längsgerichtetes und kreisförmiges Streicheln, Verreiben mit den Fingern, der Faust oder der Handaußenkante; Sägen, Schraffieren, Verreiben des Hüftknochenkamms;
- der Taillenbereich: längs- und quergerichtetes Kneten, Zusammenschieben, Dehnen;
- der Bauch: flaches oberflächliches und tiefgehendes kreisendes Streicheln der seitlichen Bereiche mit der einen Hand vom Niveau des Nabels aus hinunter zur Leistengegend und mit der anderen Hand hinauf zur Achselhöhle; Verreiben und Kneten der vorderen Bauchwand; Erschütterung des Bauches.

Nach 3–5 Anwendungen der Selbstmassage an diesen weit vom Kopf entfernt liegenden Zonen wird die Selbstmassage der seitlichen und hinteren Halsbereiche und des behaarten Teils des Kopfes nach Methode 1 hinzugefügt. Die allgemeine Dauer der Anwendung beträgt 10–20 Minuten. Zyklus: 10–20 Anwendungen, Durchführung jeden zweiten Tag.

Bei Neuralgien wird die Selbstmassage in den schmerzfreien Perioden durchgeführt. Die Methode hängt von der Lokalisierung des Schmerzes ab: im Gesichtsgebiet oder im Hinterkopf.

In den Fällen von Schmerzen auf der Gesichtsseite werden massiert:

- die hintere Halsoberfläche und die Kopfwendermuskeln: Streicheln, Verreiben und Kneten;

- der behaarte Teil des Kopfes: harkenartiges Streicheln und Verreiben, Zusammenschieben der Kopfhaut vor-zurück und in die seitlichen Richtungen;
- das Gesicht: Streicheln der Stirn, der Augenhöhlen und Wangen. Die Schmerzpunkte auf dem Gesicht (wenn das Hinrücken zu ihnen möglich ist): Streicheln, leichtes kreisendes Verreiben und fortlaufendes Vibrieren. Die Anwendung wird durch leichtes Streichen des behaarten Teils des Kopfes, Halses, Gesichts beendet.

Bei neuralgischen Schmerzen des Hinterkopfes wird die Selbstmassage entsprechend der Methode, die in den Abschnitten «Der Hals» und «Der Kopf» vorgeführt wurde, ausgeführt. Massiert werden:

- die die Wirbelsäule umgebenden Zonen des Halses;
- der behaarte Teil des Kopfes (Methode 1);
- die Kopfwendermuskeln;
- die Schmerzpunkte – kreisendes Streicheln und Verreiben, fortlaufendes und stockendes Vibrieren.

Beendet wird die Anwendung durch strichförmiges Streicheln des behaarten Teils des Kopfes, des Hinterkopfes und der seitlichen Halsoberflächen. Die Dauer der Anwendung liegt bei 3–5–10 Minuten. Zyklus: 10–15 Anwendungen, Durchführung jeden zweiten Tag.

Bei Kopfschmerzen, die psychische Ursachen haben, wird die Selbstmassage des behaarten Teils des Kopfes entsprechend Methode 1 durchgeführt.

Bei Kopfschmerzen gemischten Charakters wird die Selbstmassage unter Berücksichtigung der vorherrschenden Empfindung durchgeführt: Pulsieren, Auseinanderdrücken, Zusammenziehen.

Das Auge

Die Selbstmassage des Auges ist angezeigt zur Bewahrung der Sehschärfe und der Durchsichtigkeit des Augenmediums, zur Erhöhung der geistigen Leistungsfähigkeit und zur Entfernung von geistiger Ermüdung. Es wurden positive Resultate der Selbstmassage bei Weitsichtigkeit, Astigmatismus und Kurzsichtigkeit festgestellt, man verwendete sie mit Erfolg für die Prophylaxe wachsender Veränderungen, Glaukome, Grauer Star, für die Behandlung der Anfangsstadien dieser Erkrankungen und nach Traumen des Auges.

Die grundlegenden Ziele der Anwendung: Verbesserung der Strömung der Flüssigkeit und des Bluts im Augeninneren, Normalisierung der veränderten Prozesse, des Tonus der Augapfelhaut und der Augenmuskeln, Zurückgehen des Blutergusses, Erweichung von Narben nach Traumen oder Operationen.

Bevor man beginnt, am eigentlichen Augapfel zu manipulieren, lohnt es sich, zuerst an folgender Vorrichtung zu massieren. Blasen Sie einen kleinen Luftballon auf und binden Sie ihn mit einem kräftigen Faden an. Zeichnen Sie auf ihn eine Pupille und die Iris. Mit den Fingern der linken Hand halten Sie den angebundenen Teil und mit den Fingern der rechten führen Sie die Massagebewegungen aus, die Sie dann an sich selbst durchführen können.

Die Selbstmassage des Auges wird nach sorgfältigem Waschen mit geschlossenen Augen, durch die Augenlider, liegend ausgeführt. Vor der Anwendung ist es notwendig, die Augenbrauen mit einem Wattebausch zu reinigen, der in medizinischen Alkohol getaucht und dann gut ausgedrückt wurde, und die Augenlider leicht einzuölen, den Rest entfernt man mit einem Papiertuch. Jedes Auge wird einzeln mit den Fingern der einen Hand massiert, und mit den Fingern der anderen Hand wird die Haut um das Auge gehalten, um den Abfluß des Blutes und der Gewebeflüssigkeiten aus den Zonen um das Auge herum zu steigern, und dann wird durch das Lid unmittelbar das Auge massiert.

Der Ringmuskel des Auges wird mit folgenden Verfahren massiert:

- Streicheln mit 2–3 Fingern von seinem äußeren Rand zum inneren, danach hinauf entlang der Nasenwurzel, von der Nasenwurzel über das Auge zu sei-

nem äußeren Rand, indem man die Bewegung von der Schläfe hinunter zum Ohrläppchen verlängert;
- spiralförmiges Verreiben mit 2 oder 3 Fingern in gleicher Richtung wie das Streicheln;
- stockendes Drücken mit zwei Fingern entlang des unteren Augenhöhlenrandes von der Nasenwurzel in Richtung der Schläfe;
- Punktieren (leichtes Klopfen mit den Fingern wie auf der Schreibmaschine).

Jedes der Verfahren wiederholt sich 3–5mal.

Das Auge wird durch das Lid massiert, dabei «schaut» die Pupille nach vorn in die Ferne.
- Streicheln: von der Pupille aus strahlenförmig in alle Richtungen; kreisförmiges Streicheln gemäß und entgegen dem Uhrzeigersinn; mit dem Finger wird das Lid strichförmig über die Augenoberfläche verschoben;
- Verreiben: von der Pupille aus strahlenförmig in alle Richtungen;
- Kneten durch Drücken: die Finger der einen Hand fixieren den Augapfel, und mit 2 oder 3 Fingern der anderen Hand drückt man rhythmisch durch das Lid auf das Auge über die gesamte Oberfläche, einschließlich auch der Projektion der Pupille;
- Zusammendrücken: mit dem Daumen und dem Mittelfinger wird das Auge an der Nasenwurzel und der Schläfe fixiert, die Finger drücken rhythmisch leicht zusammen und ziehen auseinander, indem sie damit ein leichtes Drücken des Augapfels durchführen.

Alle Verfahren wechseln durch leichtes ringförmiges Streicheln der Augenhöhle. Jedes Verfahren wird ca. 3–5mal ausgeführt. Zyklus: 15–20 Anwendungen, Durchführung jeden zweiten Tag.

Die Massage des Auges kann man mit der Selbstmassage des Halses verbinden. In diesem Fall wird zuerst der Hals massiert (s. Abschnitt «Der Hals») und dann das Auge.

Stenokardie

Die Selbstmassage kann man ausführen in der Periode, die außerhalb eines Anfalls der Erkrankung liegt, aber ebenso bei leichten Anfällen, wenn keine wahrnehmbaren Rhythmusstörungen der Herztätigkeit, keine Atemnot, und weder kalter Schweiß noch starke Schwäche vorliegen.

Während eines leichten Anfalls werden die Massageverfahren mit der rechten Hand auf der linken Körperhälfte ausgeführt:

- flaches Streicheln des Halses von oben nach unten, umgreifendes Streicheln des linken Armes vom kleinen Finger zur Achselhöhle; oberflächliches und tiefgehendes Streicheln vom Brustbein zur linken Achselhöhle;
- längsgerichtetes strichförmiges Verreiben der linken Rippenbögen vom unteren Rand des Brustbeins zu den seitlichen und hinteren Bereichen des Brustkastens. Dauer der Anwendung: 3–5 Minuten.

In der Periode zwischen den Anfällen werden in sitzender Stellung die Zonen massiert (Abb. 83, 84):

- die die Wirbelsäule umgebenden, vom Kreuzbein zum Hals von unten nach oben und den Hals von oben nach unten: flaches stockendes und fortlaufendes Streicheln; Verreiben durch Schraffieren und Sägen; Kneten durch zangenartiges Drücken; Zusammenschieben der Rücken- und Halsmuskeln; Vibrieren: leichtes Klatschen mit der Handkelle, Klopfen mit den Fingern; Erschüttern des Brustkastens;
- der obere Teil des Brustkastens, der Herzbereich, die Zone zwischen den Schulterblättern, die innere Schulteroberfläche: Streicheln oberflächliches und tiefgehendes längsgerichtetes (Brustbein, der große Brustmuskel), harkenartiges (Rippenzwischenräume); Verreiben durch Schraffieren des Brustbeins, der Zone unterhalb des Schlüsselbeins und der Rippenzwischenräume; Kneten der Brustmuskeln durch Drücken und zangenartig, die Schultermuskeln durch Walken; vibrierendes Streicheln der Herzzone und des Bereiches zwischen den Schulterblättern.

An den Extremitäten wird das Streicheln der Muskeln mit breiten Massagebewegungen von den Händen und Füßen zum Rumpf durchgeführt.

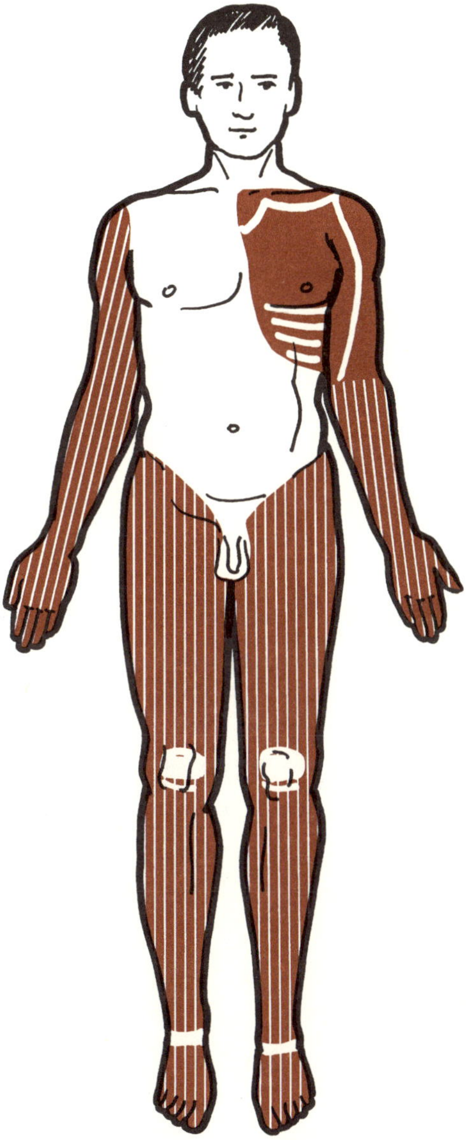

Abb. 83

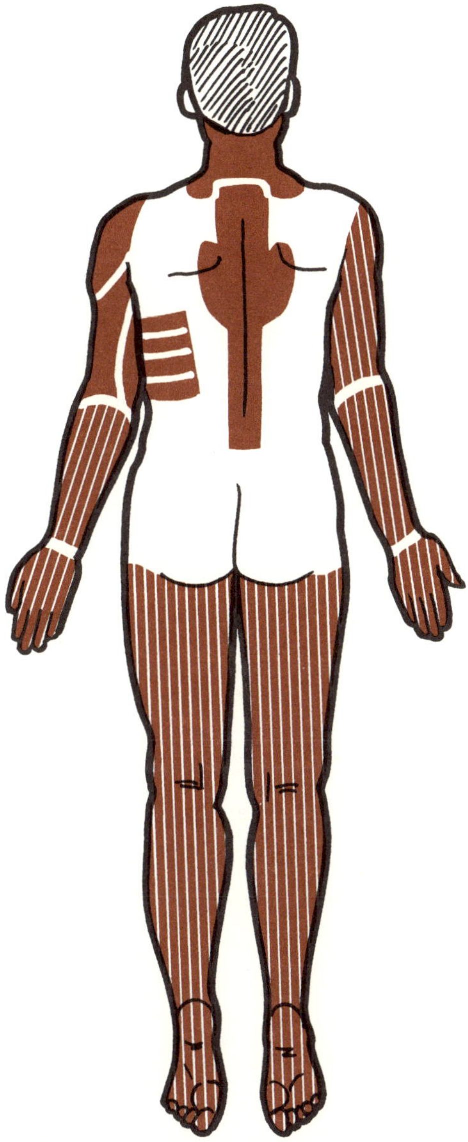

Abb. 84

Jedes Verfahren wird von 3- bis zu 7mal ausgeführt. Die Dauer der Anwendung beträgt 7–10 Minuten. Wenn die Massageverfahren auch auf den Extremitäten ausgeführt werden, so verlängert sich die Dauer der Selbstmassage auf 15–20 Minuten.

Bluthochdruck

Die Selbstmassage wird in befriedigendem Allgemeinzustand durchgeführt und wenn der arterielle Druck nicht höher liegt als 180 (systolischer) zu 100 (diastolischer).

Eingewirkt wird auf die Zonen:

- die die Wirbelsäule umgebenden vom behaarten Teil des Kopfes zu den Schulterblättern: oberflächliches und tiefgehendes Streicheln; Verreiben längsgerichtet, quer, spiralförmig; Kneten durch zangenartiges Drücken, Zusammenschieben, Dehnen;
- Kappenmuskeln von oben nach unten: Streicheln flaches oberflächliches, kammartiges tiefgehendes, umgreifendes; spiralförmiges Verreiben, Schraffieren; Kneten durch stockendes Drücken, Zusammenschieben; kreisförmiges Streicheln und leichtes Verreiben des Bereichs oberhalb des Schlüsselbeins;
- die Stirn: harkenartiges Streicheln, spiralförmiges Verreiben (der vordere Teil der Stirn) und kreisförmiges (die Schläfen); Kneten durch Drücken von der Stirnmitte zu den Schläfen;
- der behaarte Teil des Kopfes, ohne das Haar in Strähnen aufzuteilen: harkenartiges Streicheln; Verreiben durch Schraffieren und spiralförmiges Verreiben; Kneten durch das überschreitende Drücken der Finger, Dehnen und Zusammenschieben der Kopfhaut vor-zurück und in die seitlichen Richtungen;

- Hinterkopf von oben nach unten: umgreifendes Streicheln;
- die Kopfwendermuskeln: flaches und zangenartiges Streicheln; spiralförmiges Verreiben; zangenartiges Kneten.

Die Anwendung wird durch das übliche harkenartige Streicheln des Kopfes und Halses von vorn nach hinten von den Brauen zu den Schulterblättern beendet. Alle Verfahren sollen in einem langsamen Tempo rhythmisch ausgeführt werden. Die Berührungen der Haut und das Loslassen der massierenden Hand von der massierten Oberfläche müssen weich sein, auf gar keinen Fall dürfen sie heftig sein. Die Druckkraft der massierenden Hand während jeder Bewegung muß anfangs verstärkt sein und am Ende abnehmen.

Die Dauer der Anwendung beträgt 10–15 Minuten. Zyklus: 10–15 Anwendungen, Durchführung täglich oder jeden zweiten Tag. Alle 2–3 Monate kann der Selbstmassagezyklus wiederholt werden.

Blutunterdruck

Die Selbstmassage wird durchgeführt bei einem arteriellen Druck, der nicht niedriger liegt als: 95 (systolischer) zu 55 (diastolischer), wenn keine Kopfschmerzen, kein Schwindelgefühl, keine Übelkeit vorliegen.
Die Verfahren werden auf diesen Zonen ausgeführt:

- die die Wirbelsäule umgebenden vom Kreuzbein zum Hals (in sitzender Stellung): Streicheln, oberflächlich und tiefgehend; spiralförmiges Verreiben, Schraffieren, Sägen; Kneten durch stockendes, zangenartiges Drücken;
- die Gesäßhälften: Streicheln von unten nach oben und von der Mittellinie zu den seitlichen Bereichen (in stehender Position), kreisförmiges Streicheln entsprechend und entgegen dem Uhrzeigersinn; kreisförmiges Verreiben, Schraffieren, kammartiges, Sägen; Kneten durch zangenartiges, Drücken, Abfangen;

- die Hüftknochenkämme (sitzend): Streicheln und Verreiben von der Leiste zur Wirbelsäule;
- die hinteren seitlichen Bereiche des Rumpfes (sitzend): flaches umgreifendes Streicheln von unten nach oben; Kneten zangenartig und durch Drücken; vibrierendes Streicheln von unten nach oben und von hinten nach vorn; Erschüttern des Beckens (in liegender Stellung);
- die Beine (sitzend): vom Fuß zu den Gesäßhälften, zuerst die hinteren, dann auch die vorderen Oberflächen: flaches und umgreifendes Streicheln; harkenartiges Verreiben, Abfangen, Sägen; leichtes Klatschen mit der Handkelle, Hacken; Streicheln mit vibrierenden Bewegungen der Hand, flaches Streicheln;
- der Bauch (auf dem Rücken liegend mit erhöhtem Kopf): kreisendes Streicheln im Uhrzeigersinn, längsgerichtetes Streicheln vom Nabel aus nach oben und nach unten; spiralförmiges Verreiben mit den Fingern, längsgerichtetes Verreiben mit dem Handrand in verschiedene Richtungen; spiralförmiges Kneten, Heranrollen; Erschüttern des Bauches.

Die Dauer der Anwendung beträgt von 10 bis zu 20 Minuten. Zyklus: 10–15 Anwendungen, Durchführung jeden zweiten Tag. Der Selbstmassagezyklus kann alle 3 Monate wiederholt werden.

Herzfehler

Die Selbstmassage wird bei Herzfehlern nach der Konsultation eines Arztes bei befriedigendem Allgemeinzustand durchgeführt und wenn weder Schmerzen im Herz, Atemnot im Ruhezustand, Ödeme noch Herzrhythmusstörungen vorhanden sind.

In sitzender Position werden diese Zonen massiert:

- die die Wirbelsäule umgebenden von der Taille zum Schulterblatt, der Hals von oben nach unten: oberflächliches und tiefgehendes Streicheln, Verreiben längs- und quergerichtet;

- die Rippenzwischenräume:Schraffieren vom Brustbein zum linken Rippenbogen, Streicheln und Verreiben von vorn nach hinten;
- die seitlichen Rückenbereiche: Streicheln von oben nach unten (von den Achselhöhlen aus zum Becken); Kneten der Muskeln zangenartig, stockendes Drücken, Ausdrücken, Zusammenschieben;
- das Brustbein: Streicheln und Verreiben von unten nach oben;
- die Brustmuskeln links: Kneten durch zangenartiges Drücken;
- der Bereich des Herzens: kreisförmiges Streicheln, Verreiben durch Schraffieren der Rippenzwischenräume vom Brustbein zu den seitlichen Bereichen;
- Zusammendrücken und Ausdehnen des Brustkastens;
- Beine und Arme von den Zehen und Fingern zum Rumpf: umgreifendes Streicheln, Kneten durch umgreifendes stockendes Zusammendrücken.

Beendet wird die Anwendung durch oberflächliches Streicheln von den Finger- und Zehenspitzen zur Basis der Gliedmaßen.

Die allgemeine Dauer der Anwendung beträgt von 10 bis zu 15 Minuten, darin eingeschlossen sind die Beinmassage 2–3 Minuten, die Arme 1–2 Minuten. Die Verfahren werden langsam, gleichmäßig und rhythmisch ausgeführt. Starke Anspannungen in den Muskeln der massierenden Hand sind zu vermeiden. Bei einer Verschlechterung des Zustandes ist die Selbstmassage unverzüglich abzubrechen.

Bei Stenokardie werden im Verlauf der ersten 2–3 Anwendungen nur die Beine massiert, danach wird die Selbstmassage der Arme eingeschlossen und nach weiteren 3–5 Anwendungen werden alle empfohlenen Zonen massiert. Die Zahl der Anwendungen in einem Zyklus ist 15–20. Nach 1,5–2 Monaten die Massagezyklen wiederholen.

Lungenentzündung

Die Selbstmassage wird in der Periode des Abklingens der akuten Entzündung und in der Periode der restlichen Erscheinungen bei chronischem Verlauf durchgeführt.

Massieren der Zonen: Nase, Lippen, Brustkasten vorn und hinten, indem man mit den unteren Bereichen beginnt und mit den oberen aufhört. Es werden die für diese Zonen üblichen Verfahren ausgeführt. Nach einer akuten Lungenentzündung beträgt die Dauer der Anwendung 5–8 Minuten, bei chronischer – 10–15 Minuten. Zyklus: 10-15 Anwendungen, Durchführung täglich oder jeden zweiten Tag. Bei chronischer Lungenentzündung können die Zyklen mit Intervallen von 1,5–2 Monaten wiederholt werden.

Bronchiales Asthma

Die Selbstmassage bei bronchialem Asthma ist eine wichtige Ergänzung der medikamentösen Behandlung. Während eines Anfalls verbessert die Selbstmassage die Durchlässigkeit der Atemwege, in den Perioden außerhalb der Anfälle erhöht sie die Beweglichkeit und Dehnbarkeit des Brustkastens, verbessert sie die Funktion der Mechanismen, die die Atmung regulieren und beugt somit weiteren Anfällen vor.
Massieren (Abb. 85, 86):

- die breitesten Rückenmuskeln von der Wirbelsäule zu den seitlichen Bereichen: Streicheln und Verreiben mit dem Handrücken und der Handkante; zangenartiges Kneten, Drücken,Zusammenschieben; Vibrieren, Hacken, leichtes Klatschen;
- die Kappenmuskeln vom Hinterkopf in Richtung des Schultergelenks: Streicheln und Verreiben mit den Fingern und der Handkante; Kneten durch Drücken, Zusammenschieben; vibrierendes Streicheln;

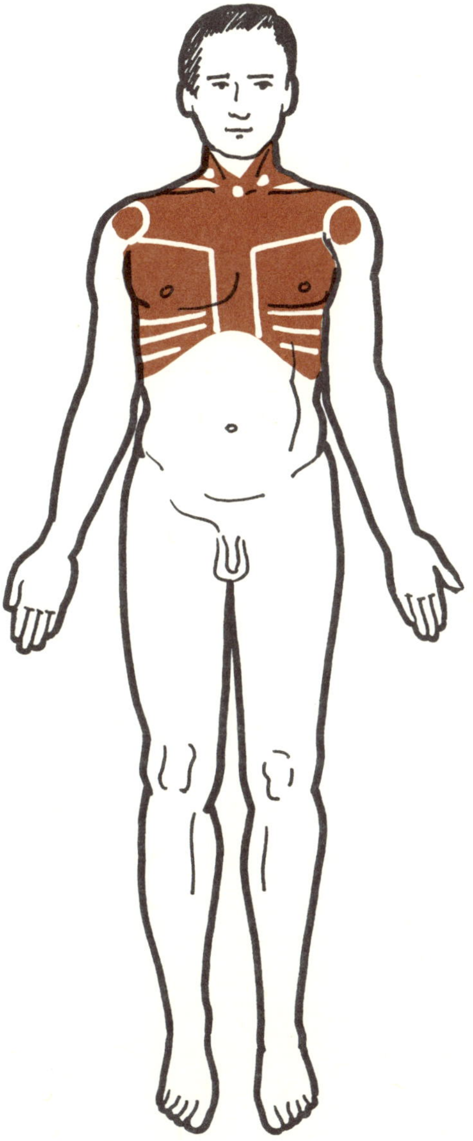

Abb. 85

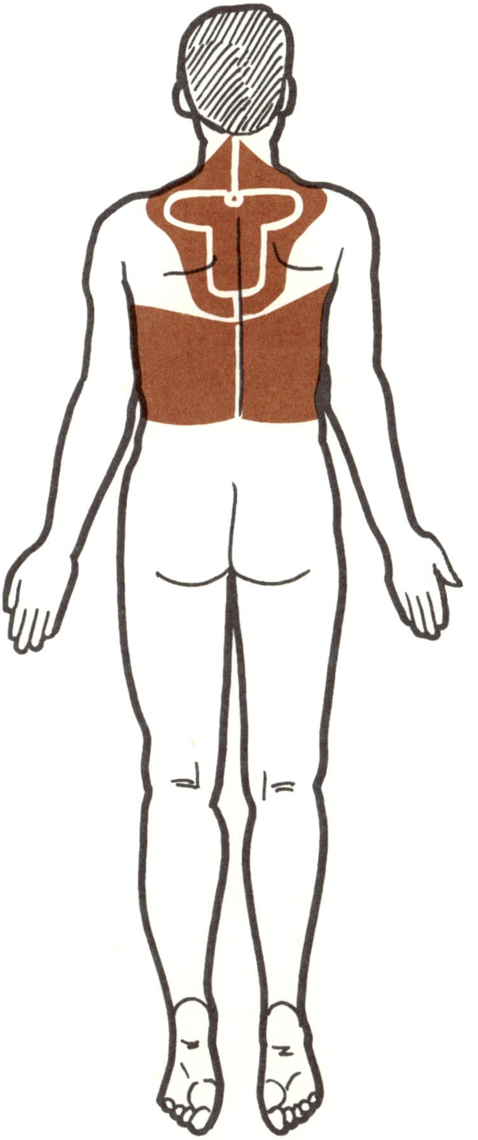

Abb. 86

- die Kopfwendermuskeln von oben nach unten: flaches und strichförmiges Streicheln; zangenartiges Kneten; vibrierendes Streicheln und Punktieren;
- der 7. Halswirbel: strahlenförmiges Dehnen der weichen Gewebe über dem Dornfortsatz (der deutlich hervortretende Knochen im unteren Halsbereich); leichtes Klopfen mit dem Mittelfinger unmittelbar auf dem Dornfortsatz oder durch den dritten Finger der anderen Hand hindurch;
- die Zonen zwischen den Schulterblättern und über den Schulterblättern: quergerichtetes Dehnen der Gewebe zwischen den Schulterblättern; Kneten durch Drücken auf die Muskeln zwischen und auf den Schulterblättern;
- Verreiben vom Brustbein zu den Schultergelenken, Verreiben des Brustbeins von unten nach oben und die Stelle, an der sich das Brustbein mit dem Schlüsselbein und der Schulter verbindet; Punktieren mit den Fingern über und unter den Schlüsselbeinen;
- die Brustmuskeln: Streicheln und Verreiben vom Brustbein zu den Schultern; kreisförmiges Kneten, Zusammenschieben; fortlaufendes Vibrieren durch Schütteln, nachdem man mit der Hand die ganze Muskelschicht ergriffen hat.
- die Rippenzwischenräume und die Rippenbögen: harkenartiges Streicheln vom Brustbein zur Wirbelsäule; Verreiben durch Schraffieren in eben diese Richtung;
- rhythmisches Zusammenpressen der unteren Bereiche mit den Händen, die rechts und links auf dem Niveau der mittleren Bereiche plaziert wurden; Erschüttern des Brustkastens.

Die Anwendung dauert von 10 bis zu 20 Minuten. Zyklus: 15–20 Anwendungen, Durchführung jeden zweiten Tag. Wiederholungen der Selbstmassagezyklen alle 2–3 Monate. Während eines Anfalls beträgt die Dauer der Selbstmassage 10–15 Minuten, wobei man dem Verfahren des Zusammendrückens während des Ausatmens und ebenso dem Verfahren des Vibrierens – Erschüttern des Brustkastens – vermehrte Aufmerksamkeit widmen sollte.

Chronische Erkrankungen des Magens und des Dünndarms

Bei chronischen, nichtinfektiösen Erkrankungen des Magens und Dünndarms einschließlich von Geschwürkrankheiten sollten einige Zonen auf der hinteren und vorderen Oberfläche des Rumpfes und Halses massiert werden.
Hinten: die die Wirbelsäule umgebenden Zonen der unteren Brustbereiche und der Halsbereiche, die breitesten Rückenmuskeln. Vorn: die Kopfwendermuskeln, die großen Brustmuskeln, die Rippenzwischenräume (von der 3. zur 6. Rippe links), die Zonen ober- und unterhalb des Schlüsselbeins, die Rippenbögen, der obere Bauchbereich, die Bauchmuskeln, und ebenso wird unmittelbar auf Magen und Darm eingewirkt.
Die Selbstmassage der hinteren Oberflächen wird sitzend oder stehend ausgeführt, die der vorderen auf dem Rücken liegend, nachdem man den Kopf auf ein Polster gelegt und die Beine in den Knien gebeugt hat.
Zuerst massiert man auf die übliche Weise die die Wirbelsäule umgebenden Zonen, die Rückenmuskeln und die Halsmuskeln. Dann massiert man auf dem Rücken liegend:

- die großen Brustmuskeln: flaches Streicheln, kreisförmiges Verreiben und Schraffieren, Kneten durch zangenartiges Drücken, Zusammenschieben;
- die Rippenzwischenräume, vom 3. zum 6. links: harkenartiges Streicheln und Verreiben vom Brustbein zur Wirbelsäule;
- die Zonen ober- und unterhalb der Schlüsselbeine, den Rippenbogen links: Verreiben vom Brustbein nach außen;
- den oberen Bauchbereich: kreisförmiges Verreiben und Verreiben vom Brustbein in Richtung des Nabels, horizontales oberflächliches und tiefgehendes Streicheln von rechts nach links und in die umgekehrte Richtung;
- vertikales rhythmisches Erschüttern des oberen Bauchbereichs links;
- die mittleren Bauchbereiche: kreisförmiges Streicheln im Uhrzeigersinn; spiralförmiges Verreiben, Sägen, Durchqueren; Kneten durch Drücken, Zusammendrücken, Dehnen, Zusammenschieben, Heranrollen; zartes Streicheln; Erschüttern des Bauches.

Die Dauer der Anwendung beträgt von 10 Minuten (erste Probesequenzen der

Selbstmassage) bis zu 20 Minuten (wenn schon Routine erworben wurde). Zyklus: 10–15 Anwendungen, Durchführung jeden zweiten Tag. Wenn es notwendig ist, können die Selbstmassagezyklen nach 1,5–2 Monaten wiederholt werden.

Chronische Erkrankungen der Leber und der Gallenwege

Die Selbstmassage kann durchgeführt werden, wenn keine Gelbsucht, kein anfallartiger Schmerz, Übelkeit, Erbrechen vorhanden sind. Zudem muß man unbedingt sicher sein, daß keine Gallensteine vorhanden sind.

Massiert werden die Zonen:

- zwischen den Schulterblättern, die hinteren seitlichen Halsbereiche: flaches und vibrierendes Streicheln; spiralförmiges, kammartiges Verreiben, Schraffieren, Sägen; Kneten durch Drücken, kreisförmiges Zusammenschieben, zangenartiges Dehnen; Vibrieren durch leichtes Klatschen, Klopfen, Hacken;
- das rechte Schulterblatt: Verreiben der Schultermuskeln, des inneren Schulterblattrandes und seiner unteren Ecke mit den Fingern;
- die Rippenzwischenräume unter dem rechten Schulterblatt: strichförmiges Verreiben;
- der Brustkasten von der Mittellinie in Richtung der Achselhöhlen: flaches Streicheln, kammartiges Verreiben, Schraffieren; Kneten durch zangenartiges Drücken;
- das rechte Schlüsselbein: Verreiben vom Brustbein zur Schulter;
- die Rippenbögen: Verreiben vom Brustbein aus nach hinten;
- der obere Bauchbereich: kreisförmiges Streicheln, spiralförmiges Verreiben; leichtes Klopfen mit den Fingern (Auftragen punktförmiger Schläge) unter dem rechten Rippenbogen; Erschüttern des Bauches;
- der rechte Rippenbogen (der Bereich der Leber): Streicheln von links nach rechts; kreisförmiges Verreiben unter dem rechten Rand des Rippenbogens, leichtes Klopfen mit den Fingern, Hacken mit der Handkante längs und

quer zum Rippenbogen; vibrierendes und leichtes flaches beruhigendes Streicheln des Bauches rechts und der unteren Bereiche der rechten Brustkastenhälfte.

Erkrankungen des weiblichen Geschlechtsbereichs

Der physische Zustand und das seelische Wohlbefinden der Frau hängt insbesondere auch von dem gesundheitlichen Zustand der Geschlechtsorgane ab. Eine Unterentwicklung der Gebärmutter, ihre falsche Lage, Menstruationsstörungen, die unzureichende oder unausgeglichene Funktion der Eierstöcke und anderer Sekretdrüsen, chronische Entzündungen der Gebärmutter und dazugehöriger Organe sind nicht selten der Grund für Unfruchtbarkeit und sexuelle Störungen. Das Eintreten einer Klimax zieht oft verschiedene Krankheitserscheinungen nach sich, was zu Funktionsstörungen der inneren Organe und vor allem zu psychischen und Herz- und Gefäßstörungen führt. In allen aufgezählten Fällen hat die periodisch durchgeführte Selbstmassage sehr oft einen ausgesprochen positiven Effekt.

Man kann 3 Tage nach dem Menstruationsende mit der Selbstmassage beginnen und sie 3 Tage vor ihrem Beginn abschließen.

Die Massage wird

- auf den die Wirbelsäule umgebenden Zonen vom Steißbein bis zu den unteren Schulterblattecken ausgeführt: Streicheln und Verreiben mit der Handkante von der Daumenseite, Sägen, Durchqueren, kammartiges Verreiben und Kneten; zangenartiges Kneten, stockendes Drücken mit der Faust, Zusammenschieben, Dehnen; Vibrieren durch zartes Klopfen;
- das Kreuzbein, die Hüftknochenkämme, die Gesäßhügel, Rippenbögen: Verreiben mit den Fingern.
- die Gesäßmuskeln: oberflächliches und tiefgehendes Streicheln mit der Handinnenfläche; kammartiges Verreiben, Sägen; zangenartiges Kneten,

Drücken mit der Faust, Abfangen, Walken, vibrierendes Drücken mit den Fingern, leichtes Klatschen, Klopfen, Hacken;
- der Bauch: Streicheln vom Nabel hinauf und hinunter, von der Taille zur Leiste und zu den Achselhöhlen; Sägen und Durchqueren, rhythmisches Drücken vom Nabel hinauf und hinunter; Zusammendrücken, Dehnen, Zusammenschieben der Bauchmuskeln; vibrierendes und flaches beruhigendes Streicheln;
- die Mitte des Schamhügels: quer- und längsgerichtetes Verreiben mit den Fingern, Klopfen mit den Fingern;
- die unteren Rippen: stockendes rhythmisches Drücken vom Brustbein zur Wirbelsäule;
- Erschüttern des Bauches und Beckens.

Falls es schmerzende Zonen am Kreuzbein, Taille, Bauch gibt, so werden zusätzlich an diesen Stellen das Streicheln, Verreiben, Kneten mit den Fingern, strahlenförmiges Dehnen, das punktförmige Vibrieren ausgeführt.

Bei Frauen im Klimakterium sollten zusätzlich die Zonen zwischen und unterhalb der Schulterblätter, die seitlichen Halsbereiche und das Gesicht nach der für diese Zonen üblichen Methode massiert werden.

Die Dauer der Anwendung beträgt von 10 bis zu 20 Minuten. Zyklus: 10–15 Anwendungen, Durchführung jeden zweiten Tag. Diese Selbstmassagezyklen können nach 1,5–2 monatiger Pause wiederholt werden.

Die Kombination mehrerer Erkrankungen

Dies ist keine Seltenheit – mehrere chronische Erkrankungen auf einmal. Oft werden Verletzungen der Wirbelsäule und Gelenke von der Verletzung irgendeines inneren Organes oder von Organsystemen begleitet. Beispielsweise kann ein Mensch mit Osteochondrose an Bluthochdruck, an Stenokardie, Geschwürerkrankung des Magens und des Zwölffingerdarms, an Gallensteinen oder

Harnsteinen, Zuckerdiabetes, an Erkrankungen der peripheren Gefäße der Extremitäten u. a. leiden. Oder ein Kranker mit Verletzungen der inneren Organe kann sich einen Knochenbruch zuziehen, bzw. eine urologische oder gynäkologische Erkrankung kann sich entwickeln. Hauterkrankungen verbinden sich mit nervlichen, inneren, chirurgischen oder anderen Erkrankungen. Eine vorherrschende Erkrankung kann von mehreren sekundären begleitet werden.

Ist es möglich, die Selbstmassage bei einer Kombination mehrerer Erkrankungen anzuwenden, und, wenn es möglich ist, wie wird sie durchgeführt?

Vor allem muß der Abschnitt der Gegenanzeigen sorgfältig studiert werden. Falls eine der Gegenanzeigen nicht nur auf die Grunderkrankung, sondern auch auf sie begleitende Erkrankungen zutrifft, muß von der Selbstmassage entschieden abgeraten werden. Wenn es keine Gegenanzeigen gibt, so ist es sehr wichtig, die Zone der Einwirkung, die Methode und die Dosierung richtig auszuwählen. Auf gar keinen Fall darf angenommen werden, daß sich bei der Kombination zweier oder mehrerer Erkrankungen die Einwirkungszone vergrößert und sich die Dauer der Verfahrensausführung verlängert. Eine bloße Addition kann nur schaden.

Vor allem sollte die für die gegebene Kombination von Erkrankungen übliche «interessante» Zone, die die Wirbelsäule umgibt, ermittelt werden, aber ebenso die anderen Körperabschnitte, die massiert werden sollen: die Projektion des kranken inneren Organs auf der Körperoberfläche, aber ebenso die Körperabschnitte, die durch Nervengänge mit den festgestellten Systemen der inneren Organe verbunden sind. Und umgekehrt, diejenigen Körperabschnitte, die im konkreten Fall nicht massiert werden dürfen. Man muß unbedingt die Zonen mit Vorzeichen von Temperaturveränderungen und Veränderungen der Hautfarbe, Erscheinungen in der Haut, in der Unterhautzellulose und den Muskeln, krankhafte Verdichtungen beachten.

Während Sie die Massageverfahren auswählen, schließen Sie diejenigen aus, die das verletzte Organ und Organsystem negativ beeinflussen können. Zum Beispiel schließt sich das Verreiben der Haut aus, wenn sie erkrankt ist, bei gewaltsamer Verschiebung der Segmente der Gliedmaßen und der Wirbelsäule sowie bei Osteoporose; das Kneten krankhafter Verhärtungen im Gesicht bei

Neuralgien, das Kneten der Muskeln und Vibrationsverfahren bei Thrombophlebitis.

Die Kraft des Einwirkens muß nicht maximal sein. Die Meinung, daß je kräftiger und länger man bei der Kombination mehrerer Erkrankungen massiert, das Resultat um so besser sei, ist falsch. Es werden die mittleren oder minimalen der angegebenen Dosierungen gewählt. Dagegen soll die Dauer des Behandlungszyklus die maximale der für jede Erkrankung angegebenen sein. Bei einem Menschen mit mehreren Erkrankungen ist es nötig, weniger aktiv aber längerfristiger zu behandeln.

Kapitel 4

Die Kombination der Selbstmassage mit anderen physischen Einwirkungen auf den Organismus

In der Behandlung chronischer Erkrankungen werden mit Erfolg elektrische und magnetische Felder, elektromagnetische Wellen, Ultraschall, Licht verschiedener Wellenlängen (infrarotes, rotes, blaues, ultraviolettes) einschließlich Laserstrahlung, mechanische Vibration, trockene und feuchte Wärme, Bäder und Duschen angewendet. Soll man dabei auch die Selbstmassage anwenden?
Ja, weil ein komplexer Einsatz mehrerer Behandlungsfaktoren bedeutend effektiver sein kann als ein einzelner für sich. Die verschiedenen physischen Einwirkungen können sich bei ihrer gemeinsamen Anwendung gegenseitig bedeutend verstärken. Außerdem können die einen physischen Faktoren die negativen Einwirkungen der anderen physischen Faktoren aufheben. Zum Beispiel verringert die Massage die oberflächliche Schmerzempfindung, erhöht die Elektrizitätsleitfähigkeit der Haut, und die Kranken können danach den elektrischen Strom und Elektrophoresis (die Kombination der Einwirkung elektrischen Stroms und eines mittels Strom eingeführten Arzneimittels) besser aushalten. Außerdem normalisiert die Massage den Arteriendruck, der unter dem Einfluß von Ultraschall, Mikrowellen, Warmwasserbehandlungen ansteigen oder absinken kann. Die Kombination von infrarotem und sichtbarem Licht mit der Massage beseitigt schneller krankhafte Muskelverspannungen, erweicht verhärtete Sehnen und Bänder. Die Selbstmassage in Kombination mit der Dusche,

Bädern, Gymnastikübungen kann man unter häuslichen Bedingungen durchführen, den Besuch von Spezialkliniken umgehen.
In welcher Reihenfolge wird die Selbstmassage in Kombination mit anderen physiotherapeutischen Methoden angewendet? Manchmal vorher, manchmal danach, manchmal gleichzeitig.
Die Selbstmassage wird *vor* der Einwirkung elektrischen Stroms verschiedener Art, magnetischer Felder, Ultraschall, Bestrahlung durch ultraviolettes und Laserlicht angewendet. Die Selbstmassage wird *nach* Bädern, Duschen, Parafinapplikationen, Kompressen, Bestrahlung durch infrarotes und sichtbares Licht angewendet. Die Selbstmassage kann *gleichzeitig* mit Wasseranwendungen wie Bäder, Duschen und ebenso während der Bestrahlung mit infrarotem und sichtbarem Licht durchgeführt werden.

In infrarotem und sichtbarem Licht

Traumata und verschiedene Erkrankungen können eine erhöhte Schmerzempfindlichkeit bzw. schmerzhafte Verdichtungserscheinungen in Geweben verschiedener Tiefe hervorrufen. Dabei ist die Ausführung der Massageverfahren nicht selten schmerzhaft, kann schützende Verkürzungen in den tiefen Muskelschichten hervorrufen und zu einem negativen Effekt der Anwendung führen.
Die Einwirkung infraroten oder sichtbaren Lichts vor oder während der Ausführung der Massageverfahren vermindert die Schmerzempfindungen, entspannt die Muskeln, verbessert die Blutzirkulation nicht nur in den Oberflächen-, sondern auch in den Tiefenschichten und ebenso in den inneren Organen, die durch Nervenbahnen mit der bestrahlten Oberfläche verbunden sind. Das Resultat ist, daß die Selbstmassage schmerzlos und effektiver wird.
Für die Ausführung der kombinierten Anwendung (Licht-Selbstmassage) kann man spezielle Lampen für sichtbares und infrarotes Licht benutzen, aber wenn sie nicht vorhanden sind, kann eine normale Tischlampe ausreichen, deren Lichtquellenleistung mindestens 60–100 Watt beträgt. Lampen mit höherer Lei-

stung sollten nicht benutzt werden, damit keine starke Schweißausscheidung hervorgerufen und man nicht durch das Licht geblendet wird.
Bei der Ausführung der Lichtanwendung soll der Lichtstrahl nur auf den zu massierenden Abschnitt gerichtet sein. Der Abstand der Lichtquelle von der zu massierenden Oberfläche beträgt 30–50 Zentimeter. Bei der Ausführung der Anwendung soll man eine Sonnenschutzbrille tragen. Nicht durchgeführt wird die Prozedur bei großer äußerer Hitze und bei erhöhter Körpertemperatur.
Manchmal massieren am Strand liegende Menschen sich selbst oder gegenseitig unter dem direkten Sonnenlicht. Dies sollte man möglichst vermeiden, da die Sonnenstrahlen nicht nur aus warmem, infrarotem und sichtbarem, sondern ebenso aus ultraviolettem Licht bestehen. Weil ultraviolettes Licht eine bedeutend höhere Energie besitzt als sichtbares, ruft es in den Geweben entzündliche Reaktionen hervor. Die Massage verstärkt somit die Wirkung des ultravioletten Lichts. Als Ergebnis kann man eine starke Verbrennung bekommen.
Wenn Sie Sonnenlicht mit Selbstmassage kombinieren wollen, dann führen Sie die Prozedur am Fenster aus: Fensterglas läßt ultraviolettes Licht nicht hindurch, und es wird keine Verbrennung geben.

Bei Hitze, bei Kälte

Es ist wünschenswert, die Selbstmassage bei einer angenehmen Raumtemperatur auszuführen, aber ihre Durchführung bei höherer oder niedrigerer Temperatur ist nicht ausgeschlossen.
Bei Hitze empfinden viele einen Blutandrang nach dem Kopf, Kopfschmerzen, Atembeschwerden, eine Verringerung der Leistungsfähigkeit. Diese Erscheinungen kann die Selbstmassage völlig beseitigen oder verringern. Aber sie bei erhöhter Außentemperatur auszuführen, bedingt bestimmte vorbereitende Maßnahmen.
Bei einer Lufttemperatur, die höher als 25° C liegt, sollte man vor der Anwendung die zu massierenden Abschnitte mit einem reinigenden kosmetischen Mittel oder mit einer Mischung aus Wasser und Alkohol zu gleichen Teilen abrei-

ben. Man durchtränkt ein Tuch, das man zuvor in kühles Wasser getaucht und gut ausgewrungen hat. Die Massageverfahren werden durch ein trockenes dünnes – am besten weißes oder nur schwach gefärbtes – Baumwoll- oder Leinentuch ausgeführt. Die Massageverfahren erfolgen entsprechend der für die betreffenden Zonen empfohlenen üblichen Methode, aber mehr Aufmerksamkeit gilt dem Verfahren des Vibrierens.

Angewendet werden das flache Streicheln; geradliniges Verreiben mit der Handkante; Vibrieren durch Hacken, leichtes Klatschen, Klopfen, vibrierendes Streicheln. Alle Verfahren werden durch flaches und vibrierendes Streicheln mit veränderter Druckkraft voneinander abgewechselt.

Bei niedriger Raumtemperatur kann die Selbstmassage zur Erwärmung einzelner Körperteile und des Organismus im ganzen, für das Vermindern von Ermüdungen und zur Steigerung der Leistungsfähigkeit benutzt werden. Die Massageverfahren werden sowohl auf unbedeckten Körperabschnitten (Gesicht, Hände) als auch auf den Abschnitten ausgeführt, die durch die Kleidung bedeckt sind.

Die Hände werden durch Streicheln und energisches Verreiben aufgewärmt. Dann werden durch die Kleidung hindurch die Arme bis zum Schultergelenk, der Nacken, die hinteren seitlichen Abschnitte des Brustkastens verrieben und geknetet. Nach Möglichkeit sollte die Massage ebenso an den Füßen ausgeführt werden, und zwar von den Zehen zur Ferse. Dann werden die Gesäßhälften und die Taille durch die Kleidung hindurch massiert. Die Anwendung wird mit den üblichen Verfahren ausgeführt bis man eine angenehme Wärme sowohl in der massierten Zone als auch im ganzen Körper spürt.

Unter dem Wasserstrahl, im Wasser

Während man eine reinigende Dusche oder ein Bad nimmt, den Körper wäscht und ihn mit den Händen, einem Bastwisch oder Handschuh reibt, führen viele, auch wenn sie sich dessen nicht bewußt sind, eigentlich ein Massageverfahren aus. Als Ergebnis der Dusche oder des Bades haben wir nicht nur die Haut ge-

reinigt, sondern ebenso die Blutzirkulation verbessert, die Wechselprozesse in den äußeren Schichten und den inneren Organen stimuliert, die Laune verbessert, die Vitalität erhöht. Aber wenn neben den üblichen hygienischen Verfahren während der reinigenden Wasseranwendung noch einige gezielte Massagetechniken angewendet werden, kann man einen ausgesprochenen Behandlungseffekt bei vielen Erkrankungen erzielen. Besonders angezeigt ist die Selbstmassage unter der Dusche, in der Wanne, im Bassin oder im offenen Wasserbecken bei Erkrankungen der Gelenke, Wirbelsäule, bei Narben nach Operationen und Verbrennungen, bei Nervenerkrankungen.
Die Selbstmassage unter dem Wasserstrahl und im Wasser wird mit genau den gleichen Verfahren ausgeführt wie an der Luft.

Die Anwendung kann allgemein sein: die Einwirkung des Wassers und der Massage auf den ganzen Körper, oder örtlich, auf einen beliebigen Teil des Körpers (Beine, Arme, Hals u. a.). Ebenso ist es möglich, die Selbstmassage von Körperteilen durchzuführen, während man eine gewöhnliche Dusche oder ein Bad nimmt.
Reihenfolge der Ausführung der Anwendungen:
- 2–3 Minuten badet oder duscht man wie gewöhnlich;
- 2–3 Minuten wird der eingeseifte Körper an der Luft gestreichelt und verrieben;
- 3–5–10 Minuten (abhängig vom Flächeninhalt der Einwirkung) werden verschiedene Arten des Knetens unter Wasser angewendet;
- 2–3 Minuten verschiedene Vibrationsverfahren unter Wasser und an der Luft – leichtes Klatschen mit der Handinnenfläche, Klopfen mit der Faust, Hacken mit der Handkante, Klopfen mit den Fingern.

Unabhängig davon, ob die Selbstmassage unter der Dusche oder in der Wanne ausgeführt wird, ist es zu empfehlen, die Anwendung durch das Einwirken von Wasserstrahlen auf den Körper zu beenden. Wenn keine Dusche vorhanden ist, wird die Anwendung durch das Übergießen in genau der Reihenfolge und Dauer sowie bei der Wassertemperatur beendet, als wenn eine Dusche vorhanden wäre.

Die Richtung und die Aufeinanderfolge der Verlagerung des Wasserstrahls bei der Selbstmassage:

- die Arme: vom Handrücken über die äußere Oberfläche des ganzen Armes, danach von der Handinnenfläche zum Achselbereich entlang der gesamten inneren Oberfläche, rechts und links abwechselnd ca. 3–5mal;
- die Beine: von der Fußsohle über die hintere Beinoberfläche hinauf zum Gesäß, danach vom Fußrücken über die vordere Oberfläche zur Leiste, rechts und links abwechselnd ca. 3–5mal;
- die Gesäßhälften: kreisförmig, horizontal, vertikal, rechts und links abwechselnd ca. 5–7mal;
- der Rücken: von unten nach oben mit horizontalen Strichen, die Wirbelsäule überquerend, und ebenso mit vertikalen Strichen entlang der Wirbelsäule, nacheinander auf jeder ihrer Seiten, 7–10mal;
- die seitlichen Rumpfabschnitte: horizontal, vertikal, schräg ca. 5–7mal rechts und links;
- der Brustkasten von vorn: zickzackförmig 3–5mal;
- der Hals von hinten und von der Seite: von oben nach unten, von vorn; von unten nach oben, ca. 3–5mal.

Auf die Handinnenflächen und die Fußsohlen wird mit einem kräftigeren Strahl eingewirkt.

Nicht durch einen kräftigen Strahl wird auf die Augen, den Herzbereich, die vordere Halsoberfläche, die Leisten-, Unterknie- und Achselbereiche eingewirkt.

Die Temperatur eines gewöhnlichen Bades beträgt 36–37° C, die des Teilbades für einzelne Körperteile 40–42° C. Nach einem warmen Bad kann man eine erfrischende kühle Dusche nehmen.

Die Wassertemperatur der Dusche bei der Ausführung der Selbstmassage beträgt 35–36° C. Der abschließende Teil des Duschens wird bei einer niedrigeren Wassertemperatur – 32–35° C – durchgeführt. Die Wassertemperatur beim abschließenden Teil des Duschens oder beim Übergießen senkt sich stufenweise entsprechend der Gewöhnung, bis zur Empfindung erfrischender Kühle, aber nicht bis zum Schüttelfrost.

Bei Selbstmassage im offenen Wasser (Fluß, See, Meer u. a.) werden anstelle der

Seife kosmetische Öle, Cremes verwendet. Oder man verwendet pflanzliche Speiseöle – Oliven-, Mais-, Sonnenblumen-, Sojaöl. Das Öl oder die Creme wird mittels Massageverfahren aufgetragen und eingerieben. Danach geht man in das Wasser, schwimmt oder vollführt andere energische Bewegungen, bis man im ganzen Körper Wärme spürt. Diese Wärme ist das entscheidende Signal für die Ausführung der Knetverfahren unter Wasser. Bei einer Wassertemperatur von 20° C und niedriger wechseln sich die Knetverfahren mit dem Schwimmen oder anderen kräftigen Bewegungen ab, um das Gefühl der Wärme nicht zu verlieren. Die Vibrationsverfahren werden ebenso unter Wasser ausgeführt: Klopfen, leichtes Klatschen, Hacken, Klopfen. Das Wasser vermindert die Kraft des Schlages und führt gleichzeitig dazu, daß sich die Vibrationswirkung ausbreitet. Dies beeinflußt speziell den Zustand der Nervensysteme positiv, zeigt einen schmerzbefreienden und tonisierenden Einfluß, erfrischt, verbessert den Zustand der Haut, normalisiert den Arteriendruck und die Atmung und erhöht die Leistungsfähigkeit, sowohl die physische als auch die geistige.

Die kombinierte Anwendung von Massage und Wasser kann beliebig oft erfolgen. Solche Einwirkungen auf den eigenen Organismus können periodisch im Verlauf des ganzen Lebens mit großem Nutzen für die Gesundheit und die Leistungsfähigkeit durchgeführt werden.

Kapitel 5

Physische Ermüdung

Intensive Muskelarbeit führt in der Regel zu Ermüdung. Die Ermüdung kann sich auf verschiedenartige Weise äußern, aber der Charakter der Veränderungen, die im Organismus als Antwort auf die Belastung eintreten, ist typisch: Verringerung der Schnelligkeit und Kraft der Muskelkontraktion, Veränderung der Atem- und Herztätigkeit und Konzentrationsmängel.

Die Selbstmassage ist an und für sich und als Ergänzung zum Ausruhen sehr effektiv, um die Ermüdung zu nehmen. Welche Zonen, mit welchen Verfahren und wie lange man massiert – all dies hängt vom Grad der Ermüdung und von der zur Verfügung stehenden freien Zeit ab.

Bei starker Ermüdung und bei ausreichend freier Zeit sollten zuerst die am meisten ermüdeten Muskeln entspannt und diejenigen auseinandergezogen werden, die lange Zeit verkürzt waren, und umgekehrt diejenigen verkürzt werden, die gedehnt waren. Dies wird erreicht durch das Einnehmen einer Haltung, die den Arbeitshaltungen entgegengesetzt ist. Dann werden alle Muskeln für 5–10 Minuten in liegender oder sitzender Stellung mit geschlossenen Augen und ein wenig angehobenen Beinen entspannt. Nachdem man sich so ausgeruht hat, ist die Ausführung der gewöhnlichen Selbstmassage besonders effektiv und nimmt die Ermüdung völlig. Während man die gewöhnliche Selbstmassage ausführt, sollte man dem Taillenbereich und dem Hals besondere Aufmerksamkeit widmen – den Zonen, die bei der Ausführung einer beliebigen Arbeit in hohem Maße belastet sind und deren Zustand einen ausgesprochenen Einfluß auf die Tätigkeit der wichtigsten Systeme des Organismus hat: Herz-Kreislaufsystem, Atmungs-, Nerven-, endokrinisches System. Beachtet man die Reihenfolge der Ausführung und die Technik der gewöhnlichen Selbstmassage, so muß man die

Muskeln unterschiedlich massieren, die während der Arbeit mehr zusammengezogen oder mehr auseinandergezogen waren. Im ersten Fall widmet man dem tiefgehenden Streicheln, dem Verreiben und dem Kneten der Muskeln mehr Aufmerksamkeit, wobei die Verfahren langsamer ausgeführt werden. Im zweiten Fall (die Muskeln waren auseinandergezogen) werden die Massageverfahren in einem schnelleren Tempo ausgeführt und die Verfahren des Vibrierens mehr benutzt. Aber auf jeden Fall sollten die Gelenke, die Stellen, an denen die Sehnen befestigt sind, und die Sehnen derjenigen Muskeln, die während des Arbeitstages überbelastet waren, massiert werden (Einzelheiten s.Kap. 2 «Die Ganzkörper-Massage»).

Bei starker Ermüdung und Zeitmangel kann man sich auf eine kurze Muskelentspannung, die Selbstmassage der Taille, des Halses und der im Arbeitsprozeß am meisten überbelasteten Segmente der Gliedmaßen beschränken.

Bei mäßiger Ermüdung wird die Selbstmassage entsprechend der gewöhnlichen Regeln durchgeführt. Wenn man während der Ausführung der Massageverfahren in den Muskeln schmerzhafte Verhärtungen spürt, so sollte man sie vorsichtig verreiben, kneten, indem man sich bemüht, keine Schmerzempfindungen hervorzurufen.

Bei ausgesprochen starker Ermüdung sollte man die Selbstmassage nicht durchführen, weil damit die ungünstigen Verschiebungen im Organismus verstärkt werden können. Man sollte sich auf die völlige Muskelentspannung in einer bequemen Haltung mit angehobenen Beinen und dem Einnehmen der Pose, die den Arbeitshaltungen entgegengesetzt ist, beschränken.

Kapitel 6

Geistige Ermüdung

Geistige Arbeit wird in der Regel von der Anspannung vieler Muskelgruppen begleitet, besonders die Muskeln der Augen, Stirn, des Nackens, Halses, der Arme, was zu einer allgemeinen Ermüdung führt. In der gewöhnlichen Arbeitshaltung – sitzend mit nach vorn gebeugtem Kopf – sind die Muskeln des Nackens, Rückens und einige Muskeln des Beckens auseinandergezogen, die Muskeln der vorderen Halsbereiche und des Brustkastens verkürzt, die Bauchmuskeln erschlafft. Die unausgewogene Muskelbelastung (die einen Muskeln sind lange Zeit auseinandergezogen und die anderen verkürzt) begünstigt besonders die Entwicklung der allgemeinen Ermüdung. Um eine höhere geistige und allgemeine Leistungsfähigkeit aufrechtzuerhalten, ist es zweckmäßig, die Selbstmassage situativ und gezielt anzuwenden. Dabei ist es besser, sie in der Periode der noch schwachen Ermüdung auszuführen und nicht bis zum Eintreten der Ermüdung höheren Grades zu warten.

Vor der Ausführung der Massageverfahren sollte man:
die Muskeln entspannen, besonders die des Gesichts, des Halses und der Arme;
die Muskeln der vorderen Halsbereiche, des Rumpfes dehnen, den Beugemuskel der Arme durch das Neigen des Kopfes und des Rumpfes nach hinten und das seitliche Auseinanderführen der Arme nach oben mit gespreizten Fingern;
2–3 Minuten energisch hin und her gehen.

Diese Zonen massieren:

- Kreuzbein und Taille: Streicheln mit der Handkante und den Kämmen der gekrümmten Finger; Verreiben mit den Fingern, dem Handballen der Faust, längs, quer, schräg; Kneten durch Drücken, zangenartiges Zusammenschieben; leichtes Hacken mit der Handkante, Klopfen mit der Faust (Abb. 87, 88):

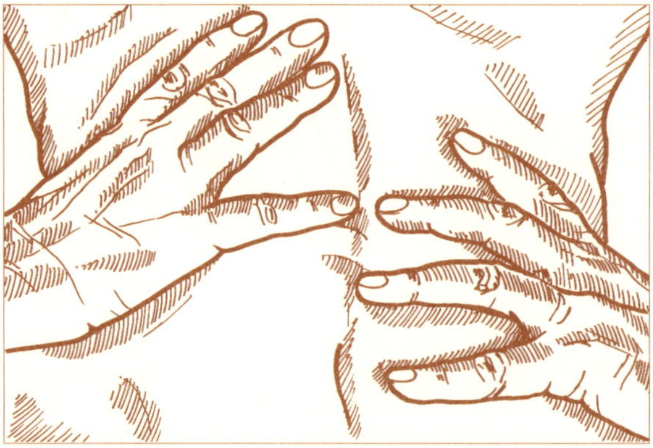

Abb. 87

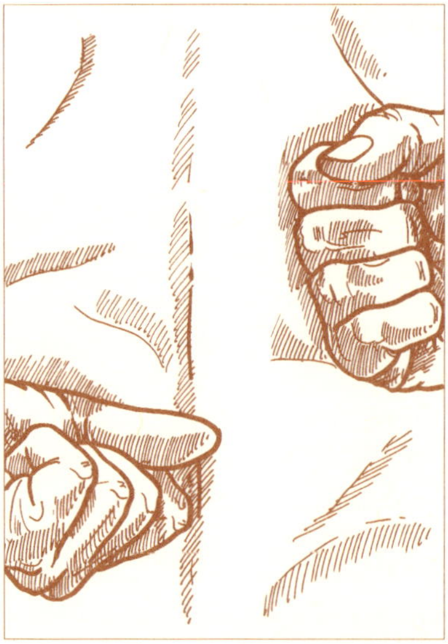

Abb. 88

– die oberen Rückenabschnitte und der Hals: flaches Streicheln und mit der Handkante zur Achselhöhle und zum Schlüsselbein; Verreiben mit den Fingern entsprechend dem Verlauf der Hautlinien; Kneten durch Drücken, zangenartiges Zusammenschieben; Klopfen mit den Fingern (Abb. 89, 90, 91);

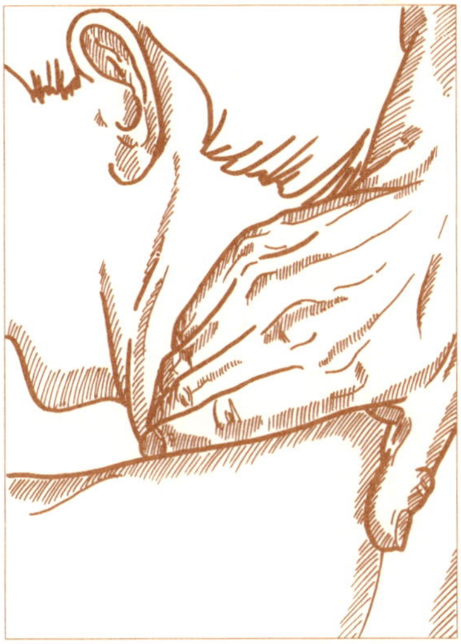

Abb. 89

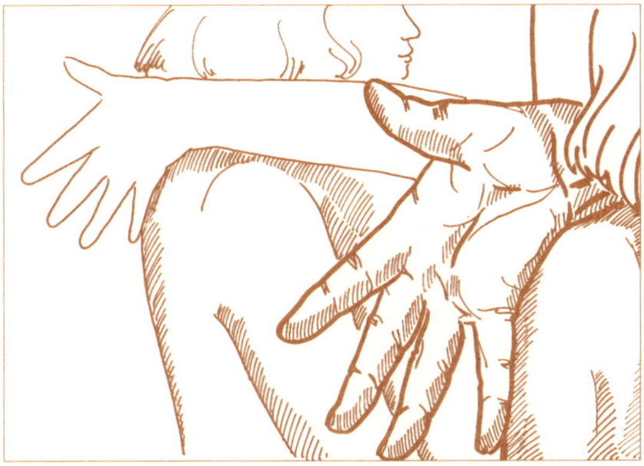

Abb. 90

Abb. 91

- die vorderen Bereiche des Brustkastens: flaches Streicheln von der Mittellinie zu den Achselhöhlen; im Herzbereich – kreisförmiges Streicheln; Verreiben durch Schraffieren der Rippenzwischenräume und der Rippenbögen; zangenartiges Kneten der großen Brustmuskeln vom Brustbein in Richtung der seitlichen Bereiche; Klopfen mit den Fingern auf der ganzen Oberfläche;
- stockendes Zusammendrücken des Brustkastens in die seitlichen und vertikalen Richtungen;
- die Stirn: harkenartiges Streicheln von der Mitte zu den Schläfen und kreisförmiges auf den Schläfen; Verreiben durch Durchqueren;
- die Augenhöhlen: kreisförmiges Streicheln und spiralförmiges Verreiben mit den Fingern;
- der behaarte Teil des Kopfes, ohne die Haare in Strähnen zu teilen: harkenartiges Streicheln; spiralförmiges Verreiben; Dehnen und Zusammenschieben der Kopfhaut vor–zurück (Abb. 92) und in die seitlichen Richtungen; gewöhnliches Streicheln, indem man von der Stirn aus beginnt, hinauf zum Scheitel und Hinterkopf, dann geht man zum Hals und auf die oberen Bereiche des Rückens und der Brust über.

Die Dauer der Prozedur beträgt 10–15 Minuten. Bei systematischer Anspannung durch geistige Arbeit empfiehlt sich, diese Selbstmassage täglich oder jeden zweiten Tag über einen langen Zeitraum durchzuführen.

Abb. 92

Kapitel 7

Auf Reisen und Ausflügen

Nahe und weite Ausflüge sowie längere Urlaubsreisen erfolgen fast immer bei erhöhter physischer Belastung und emotionaler Anspannung. Die Anspannung verstärkt sich noch mehr bei einer starken Klima- und Landschaftsveränderung. Solche Kontraste wie Meer – Wüste, trockene Hitze – kalte Feuchtigkeit, stiller bequemer Wald – offene Örtlichkeit unter sengender Sonne und trockenem Wind –, all dies ruft im Organismus beträchtliche und manchmal auch übermäßige Veränderungen hervor. Aber das Vergnügen, das ein Mensch an aktivem Urlaub hat, macht ihn zunächst unempfänglich für diese ungünstigen Veränderungen im Organismus. Nicht sofort, aber wenn einige Zeit vergangen ist, treten Schmerzen im Rücken und in den Extremitäten, Kopfschmerzen und Schlafstörungen u. a. zutage. In einigen Fällen verschärfen sich chronische Erkrankungen, oder es treten neue auf.
Zur Vorbeugung einer Übermüdung auf Reisen, Schiffsreisen und Ausflügen empfehlen wir die Selbstmassage nach folgender Methode.
Nach einem 5–7stündigem Weg verwendet man eine Wasserprozedur (Dusche, Bad, Schwimmen in offenem Gewässer), oder man reibt den Körper mit einem Reinigungsmittel ab.

Massieren:

- die seitlichen Bereiche des Halses von oben nach unten: Streicheln mit der Handinnenfläche und der Handkante; Verreiben mit den Fingerkuppen; kreisförmiges Verreiben der Dornfortsätze der Halswirbelsäule; strichförmiges Verreiben der Schulterblattränder und der Schulterblattmuskeln, leichtes Klatschen, Klopfen; Streicheln von oben nach unten vom behaarten Teil des Kopfes zum Schulterblatt;

- das Kreuzbein, die Taille und die unteren Bereiche des Rückens: von unten nach oben wird das Streicheln mit dem Handrücken und der -kante ausgeführt; Verreiben mit den Kämmen der Finger, die zur Faust geballt sind; Kneten durch Schraffieren, kreisförmiges, zangenartiges, Zusammenschieben. Dehnen; leichtes Klatschen mit der Handkelle, Hacken mit der Handkante, Klopfen mit der Faust und den Fingern; vibrierendes und flaches Streicheln;
- die vorderen Bereiche des Brustkastens: flaches Streicheln von der Mittellinie zu den Achselhöhlen; Verreiben des Brustbeins von unten nach oben, Verreiben der Rippenzwischenräume und der Rippenbögen vom Brustbein zur Wirbelsäule; Kneten der Brustmuskeln durch zangenartiges Drücken, Zusammenschieben, Dehnen; leichtes Klatschen mit der Handkelle, Klopfen mit den Fingern; stockendes Zusammendrücken des Brustkastens vor-zurück und in die seitlichen Richtungen; vibrierendes und oberflächliches flaches Streicheln;
- der Bauch: kreisförmiges Streicheln im Uhrzeigersinn; zangenartiges Kneten der vorderen Bauchwand, Verreiben des Hüftknochenkamms von vorn nach hinten;
- die Beine: strichförmiges Streicheln vom Fuß zur Leiste;
- die Füße: Verreiben der Zehen; Drücken auf die Fußballenoberfläche mit dem Daumen der Hand oder den Kämmen der Finger, die zur Faust geballt sind; «das Zerbrechen» des Fußes; Verreiben und Streicheln des Fußrückens und der Fußballenoberfläche gleichzeitig; Kneten der Ferse durch Drücken; Wegrücken der Achillessehne zur Seite;
- das Sprunggelenk: längsgerichtetes und umgreifendes Streicheln; strichförmiges Verreiben und spiralförmiges Kneten;
- der Unterschenkel: umgreifendes Streicheln; strichförmiges Verreiben; zangenartiges Kneten, Abfangen, Walken; vibrierendes und leichtes umgreifendes Streicheln;
- das Kniegelenk: flaches und kreisförmiges Streicheln; zickzackförmiges Verreiben und spiralförmiges Kneten entlang der Gelenkspalte; umgreifendes Streicheln;
- der Oberschenkel: auf der vorderen, seitlichen und hinteren Oberfläche wer-

den das flache und umgreifende Streicheln durchgeführt; kammartiges Verreiben, Sägen, Durchqueren; Kneten zangenartig, Umschlingen, Ausdrücken, vibrierendes und flaches Streicheln.

Die Anwendung wird mit flachem und umgreifendem Streicheln von den Zehen zur Leiste und schüttelnden Bewegungen eines jeden Beines nacheinander beendet. Die Dauer der Anwendung beträgt 15–30 Minuten. Es wird empfohlen die Selbstmassage während der gesamten Reise auszuführen.

Glossar

Angiopathia – Erkrankung der peripheren Gefäße
Arthritis – Gelenkentzündung
Arthrose (Artrosis derfomans) – degenerative Gelenkserkrankung
Bronchialasthma (Asthma bronchiale) – kurzdauernde Anfälle von hochgradiger Atemnot mit besonders erschwerter Ausatmung
Bronchitis – Bronchialkatharr, Entzündung der Bronchialschleimhaut
Diabetes mellitus – Zuckerkrankheit mit Blutzuckererhöhung
Endokrinische Systeme – Drüsen mit innerer Sekretion
Erysipel – akute flächenhafte mit hohem Fieber einhergehende Hautinfektion
Hämophilie – Bluterkrankheit
Hypertonie – Bluthochdruckkrankheit, arterielle Blutdrucksteigerung
Hypotonie – Blutdruck unter der altersbedingten Norm
Hypothyreose – Unterfunktion der Schilddrüse
Myokarditis – Entzündung des Herzmuskels
Neuralgia (Neuralgie) – attackenweise auftretende Schmerzen im Ausbreitungsgebiet eines Nerves
Neuropathie (periferi) – Nervenschädigung
Neuritis – Entzündung, im weitesten Sinne auch degenerative, posttraumatische oder toxische
Osteochondrosis – degenerative Knochen-Knorpel-Veränderungen im Gelenkbereich und/oder Wirbelsäulenbereich
Stenokardie (Angina pectoris) – Präkordialangst, anfallsweise auftretende Schmerzen in der Herzgegend
Thrombophlebitis – Entzündung der Venengefäßwände

Informationen

Informationen über die Arbeit der Autoren und weitere Auskünfte erhalten Sie entweder über den Verlag oder unter folgender Anschrift:

FORUM für Integrative Biodynamik
Helmut Josefowicz
Lotzestraße 5
D-37083 Göttingen
Tel.: (0551) 70 59 97/7 56 35
Fax: (0551) 70 59 99